WeightWatchers®

Der 4 Wochen Power Plan

Inhalt

Mit Genuss in eine schlanke Zukunft 4

Der leidige Speck 5
Immer an der falschen Stelle! 5
Fette Vorteile 5
Zwei Arten von Fett 5
Kleine Vermessungskunde 6

Ziele, die jeder erreichen kann 8
1. Schritt: Das wichtige Zehn-Prozent-Ziel 8
2. Schritt: Die Gewichts-Vorhersage 8
Apropos Diät-Wahrheiten … 8
Energieverschwendung ist angesagt 9
Der Jojo-Teufelskreis 10

Points – der einfache Weg 11
Weight Watchers – Ihre Experten in Sachen Ernährung 11
Points: Punkten für die Figur 12
Points: Ernährung leicht gemacht 12
Schnellstart 13
Und wie geht's weiter? 13
Genuss hoch fünf 14
0-Points-Gemüse und -Obst 15
Etwas Warmes für zwischendurch 16
Alles andere als unnützer Ballast 17
Fette Fakten … 17
… und fette Fehler 18
Wasser wirkt Wunder 19

Mit Kilo Kick den Turbo einlegen 20
Was ist der Kilo Kick? 20

Motivation pur! 21
In Gesellschaft ist's leichter 21
Power-Treffen 21
Erfolg durch Motivation 21

Der 4-Wochen-Power-Plan 22

Einsteigen … 23
… und Dranbleiben 23
Woche 1: Auf die Plätze … 23
Woche 2: Power pur! 23
Woche 3: Einfach weiterpowern 23
Woche 4: Genießen angesagt! 23

Zehn Basics, bevor es losgeht 24
Von der Planung bis zum Einkauf mit System 24

Auf die Plätze … 26
Tag 1 bis Tag 7 26

Power pur! 40
Tag 1 bis Tag 7 40

Einfach weiterpowern 54
Tag 1 bis Tag 7 54

Genießen angesagt! 68
Tag 1 bis Tag 7 68

Wählen Sie sich satt und zufrieden 82
Snacks – die Unkomplizierten 82
Snacks – fix selbst gemacht 83

Einkaufen … 84
… des einen Leid, des anderen Freud 84
Die vier Shopping-Basics 84
Das brauchen Sie für eine Woche 84
Basisliste 85
Einkaufsliste Woche 1 86
Einkaufsliste Woche 2 87
Einkaufsliste Woche 3 88
Einkaufsliste Woche 4 89

Fit, aktiv und entspannt   90

Bonus-Points   91
   Bonus-Points spornen an!   91

20 Minuten Easy-Workout   92
   Warming up   92
   Ihr Home-Studio   92
   Fit-Tipps   92
   Den Rücken kräftigen und gleichzeitig den Po straffen   93
   Den mittleren Gesäßmuskel trainieren   93
   Rückenpower   94
   Den gesamten Körper kräftigen   95
   Den Po straffen   96
   Ein toller Bauch mit der Beckenschaukel   97
   Die Taille kräftigen   97
   Die ganze Bauchmuskulatur kräftigen   98
   Wellness pur – Entspannung nur für Sie!   99

So bleiben Sie erfolgreich!   100

Notfall: Einladung   101
Notfall: Restaurant   102
   Kleine Tauschgeschäfte   102
   Große Tauschgeschäfte   104
Notfall: Stillstand   106
Notfall: Motivations-Krise   107
Notfall: Familien-Glück   108
Notfall: Hunger   110
Notfall: Seelenschmeichler   112
Tägliche Notfälle   113
   Bäckereiduft   113
   Frustessen   113
   »Duftfalle«   113
   Couch-Potato   113
   Büro   113
Ihr persönlicher Check-up   114
   Auf geht's zur Inspektion   114
Fragen über Fragen   116
Goldige Zeiten   117
   Eine Erfolgsgeschichte   117

Zum Nachschlagen   118
   Sachregister   118
   Die Rezepte auf einen Blick   119

Mit Genuss in eine schlanke Zukunft

> Vergessen Sie alles, was Sie jemals über einseitige, langweilige Diäten gehört haben! Hier erwarten Sie vier Wochen voller Köstlichkeiten und effektiver Bewegung – so nehmen Sie konstant ab, ohne dabei auf die schönen Dinge des Lebens zu verzichten. Mit den besten Tipps und Informationen von Weight Watchers.

Der Leidige Speck

Immer an der falschen Stelle!

Egal ob Speckröllchen, Rettungsring oder Fettpölsterchen – ihnen allen ist gemeinsam, dass sie immer genau dort sitzen, wo wir sie nicht haben wollen. Hinzu kommt, dass sie blitzschnell und ungewollt auftauchen, aber nur unter großen Mühen wieder verschwinden.

Frauen liegen vorn

Fettgewebe findet sich im gesamten menschlichen Körper, wobei Frauen im Durchschnitt einen größeren Anteil an Körperfett aufweisen als Männer: Ein normalgewichtiger Mann hat einen Anteil von rund 15 Prozent Fett, während es Frauen – ebenfalls normalgewichtig – auf etwa 25 Prozent bringen.

Fette Vorteile

Auch wenn sich viele Frauen von einer guten Fee zu gern ihr Körperfett wegzaubern ließen – ein Leben ganz ohne Fettpölsterchen wäre gar nicht angenehm, ein gewisser Anteil an Fett ist geradezu lebensnotwendig. Hier einige speckige Tatsachen, von denen Sie vielleicht noch nichts wussten:

➤ Die Weisheit unserer Großmütter, dass Speck auf den Rippen warm hält, stimmt! Fett ist ein schlechter Wärmeleiter und verhindert somit einen größeren Wärmeverlust des Körpers. Wer also nur eine sehr dünne Fetthülle hat, friert schneller.
➤ Ohne Körperfett sähen wir seltsam, ja ganz und gar unförmig aus, denn zwischen unseren Organen befinden sich Lücken, die mit Fettgewebe ausgefüllt sind. Ebenfalls nicht zu unterschätzen: Das Fett gibt unserem Körper seine individuelle äußere Form.
➤ Das Fettgewebe kann man mit dem Benzintank eines Autos vergleichen: Unser Organismus benutzt das Körperfett in guten Zeiten als Energiespeicher, aus dem bei Bedarf Energie mobilisiert werden kann.
➤ Ohne Fett wäre unser Leben ziemlich schmerzhaft. An den Händen, am Po und unter den Füßen dient Fettgewebe als Druckpolster und schützt damit unsere Knochen, Nerven und Muskeln vor den Erschütterungen beim Gehen, Greifen oder Hinsetzen.

Zwei Arten von Fett

Verliert also jeder, der abnimmt, auch Fett an Händen, Füßen und Organen? Nein, dieses so genannte Baufett bleibt auch während und nach der Gewichtsabnahme erhalten.
Bei einer Diät oder einer Fastenkur wird nämlich nicht das Baufett, sondern das Speicherfett mobilisiert. Dabei handelt es sich um genau jenes Unterhautfett, das für die unerwünschten Rundungen verantwortlich ist.
Dieses Unterhautfett ist, wie das Baufett auch, nicht am ganzen Körper gleichmäßig verteilt – was gut ist, denn sonst sähen wir so unförmig wie ein Kastenbrot aus. Hier helfen unsere Hormone. Sie sorgen dafür, dass das Fett sich an den richtigen – in unseren Augen manchmal auch den falschen – Stellen ansammelt. Entsprechend verteilt sich das Unterhautfett bei Frauen überwiegend auf Brüste, Po und Oberschenkel, während es bei Männern eher im Bauchbereich auftritt.

Kleine Vermessungskunde

Neunzig – sechzig – neunzig: Sind das auch Ihre Traummaße? Damit liegen Sie heute voll im Trend, doch vor 300 Jahren hätten Sie komplett danebengelegen. Tatsache ist, dass der menschliche Körper schon seit Jahrtausenden vermessen wird, wobei Waage und Maßband immer eine Rolle spielten, um das aktuelle Schönheitsideal festzulegen beziehungsweise ihm so nahe wie möglich zu kommen. Wie die Geschmäcker änderten sich im Laufe der Zeit aber auch die Vermessungstechniken.

Dabei spielt heute immer mehr die Frage eine Rolle, was man unter Normalgewicht versteht und wo die Grenzen zum Über- oder Untergewicht zu ziehen sind. Wissenschaftler entwickelten dabei sehr unterschiedliche Formeln zur Einordnung des Gewichts.

Broca-Index

Bei dieser sehr einfachen Formel ziehen Sie von Ihrer Körpergröße in Zentimetern 100 ab, das Ergebnis gibt Ihr Normalgewicht an. Wer nach dem Broca-Index dann noch sein Idealgewicht errechnen möchte, muss vom oben errechneten Normalgewicht noch einmal 15 Prozent (Frauen) beziehungsweise zehn Prozent (Männer) abziehen.
Doch die Bestimmung von Normal- und Idealgewicht mit dem Broca-Index hat einen entscheidenden Haken: Die Formel ist nur bei normal großen Menschen anwendbar und hat deswegen heute an Bedeutung verloren. Sie wird dementsprechend kaum noch zur Bewertung des Gewichts eingesetzt.

Waist-To-Hip-Ratio

Diese Berechnung gibt darüber Aufschluss, ob Ihre Proportionen aus medizinischer Sicht in Ordnung sind. Hierfür teilen Sie Ihren Taillenumfang durch Ihren Hüftumfang. Das Ergebnis sollte bei Frauen unter einem Wert von 0,85 und bei Männern unter 1,0 liegen.

Körperfettanteil

Heute sind so genannte BIA-Waagen im Handel erhältlich, mit deren Hilfe Sie Ihren Körperfettanteil messen können. Das geschieht über die so genannte Bioelektrische Impedanz-Analyse (BIA). Dabei wird ein schwacher, nicht spürbarer Strom durch den Körper geführt. Da Fett den Strom anders leitet als Magermasse, kann anhand der Messdaten der prozentuale Fettanteil ermittelt werden.
Nach einer Empfehlung des American College of Sports Medicine liegen die optimalen Körperfettanteile für Männer bei elf bis 17 Prozent, für Frauen zwischen 19 und 22 Prozent. Dabei handelt es sich zwar um ein relativ »grobes« Messverfahren, doch haben Körperfettwaagen einen großen Vorteil: Sie motivieren ihre Benutzer, sich mehr zu bewegen und dadurch Fett ab- und Muskeln aufzubauen.

Body-Mass-Index (BMI)

Viele Ärzte und Wissenschaftler verwenden und empfehlen heute den BMI, auf deutsch »Körpermassenindex«, um das Körpergewicht ihrer Patienten zu beurteilen.
Um Ihren BMI zu bestimmen, müssen Sie nur Ihr Gewicht und Ihre Körpergröße kennen. Mithilfe dieser beiden Werte berechnen Sie

Schlanke Basics

dann mit unten stehender Formel Ihren Body-Mass-Index. Dabei wird Ihr Körpergewicht detailliert in Relation zur Körpergröße gesetzt. Der Vorteil: Diese Berechnung ist bei jeder Körpergröße anwendbar und aussagekräftig. Nach den Richtlinien der Weltgesundheitsorganisation WHO gilt für Erwachsene ein BMI zwischen 20 und 25 als normal.

Berechnen Sie Ihren BMI

Sie können den BMI mithilfe eines Taschenrechners und folgender Formel ganz leicht berechnen:

BMI = **Körpergewicht** (in kg) **geteilt durch Körpergröße** (in m) **im Quadrat**

Beispiel: Sie wiegen 82 kg und sind 1,75 m groß
BMI = 82 : (1,75 x 1,75)
= 82 : 3,06 = 26,8
In diesem Fall beträgt Ihr BMI rund 27, womit Sie knapp über dem oberen Normalwert von 25 liegen und leicht übergewichtig sind.

Welchen BMI haben Sie:

$$BMI = \frac{Körpergewicht\ (kg)}{Körpergröße\ (m)^2} = \underline{\qquad} = \underline{\qquad}$$

Waage, Taschenrechner, Maßband – mit kleinen Hilfsmitteln sind Waist-to-Hip-Ratio oder BMI schnell bestimmt.

Ziele, die jeder erreichen kann

DIE WEIGHT WATCHERS GEWICHTSSPANNE

Größe	Gewicht
1,50 m	45–56 kg
1,52 m	46–58 kg
1,54 m	47–59 kg
1,56 m	49–61 kg
1,58 m	50–62 kg
1,60 m	51–64 kg
1,62 m	52–66 kg
1,64 m	54–67 kg
1,66 m	55–69 kg
1,68 m	56–71 kg
1,70 m	58–72 kg
1,72 m	59–74 kg
1,74 m	61–76 kg
1,76 m	62–77 kg
1,78 m	63–79 kg
1,80 m	65–81 kg
1,82 m	66 –83 kg
1,84 m	68–85 kg
1,86 m	69–86 kg
1,88 m	71–88 kg
1,90 m	72 –90 kg
1,92 m	74–92 kg
1,94 m	75–94 kg

1. Schritt: Das wichtige Zehn-Prozent-Ziel

Die Erfahrungen von Weight Watchers haben gezeigt, dass es für die meisten Abnehmwilligen bereits ein großer Schritt ist, zehn Prozent ihres Ausgangsgewichts zu verlieren. Das erscheint Ihnen wenig? Vielleicht überzeugen Sie die folgenden Aspekte:

Bereits bei einem Gewichtsverlust von zehn Prozent des Ausgangsgewichts …
➤ vermindert sich das Risiko, an Typ-2-Diabetes zu erkranken.
➤ kann der Blutdruck und damit auch das Herzinfarktrisiko gesenkt werden.
➤ wird der Bewegungsapparat entlastet.
➤ nimmt die Freude an Bewegung zu. Man wird aktiver und treibt wieder Sport, was einen positiven Einfluss auf den Fettabbau und den Cholesterinspiegel hat.

Auch wenn Sie nach den ersten zehn Prozent noch nicht Ihr Idealgewicht erreicht haben, ist das bereits ein großer Erfolg und der erste Schritt hin zum Wunschgewicht!

2. Schritt: Die Gewichts-Vorhersage

Im folgenden Schritt können Sie daran arbeiten, ein gesundes Gewicht zu erreichen, das dann auch Ihrem Wunschgewicht entspricht. Die hier angegebenen, von Weight Watchers empfohlenen Gewichtsspannen (siehe links) basieren auf den entsprechenden medizinisch empfehlenswerten BMIs.

TIPP

REALISTISCH BLEIBEN!

15 Kilo in zehn Tagen? Nein, denn Sie haben die 15 Kilo ja auch nicht in zehn Tagen zugenommen. Setzen Sie sich erreichbare Ziele, und nehmen Sie langsam ab. Nachdem sich Ihr Körper aufs Abnehmen eingestellt hat, sind etwa 0,5 kg pro Woche ein gutes Maß!

Apropos Diät-Wahrheiten …

Sie hadern mit Ihrem Gewicht und Ihrer Figur? Dann fallen Ihnen sicher fast täglich neue Diäten oder Produkte zum Abnehmen ins Auge. Die meisten davon behaupten, die Lösung aller Gewichtsprobleme zu sein. Die Namen variieren von »Iss-was-du-willst-Diät« bis hin zur »So-leicht-war-Abnehmen-noch-nie-Diät«. Hinzu kommt, dass so manche Zeitschrift und nicht wenige Bücher Sie dazu auffordern, nun doch endlich mit den Diäten Schluss zu machen und einfach nur gesund zu essen – um Ihnen sechs Monate später mit Abnehm-Tipps unter die Arme zu greifen.

Wundermittel? Fehlanzeige!

Natürlich gibt es kein Wundermittel gegen Übergewicht. Es ist aber auch nicht gesund, einfach aufzugeben und übergewichtig zu bleiben beziehungsweise noch mehr zuzunehmen. Die Realität sieht so aus: Es gibt tatsächlich eine Abnehm-Formel, die unveränderbar und dabei so einfach ist und für alle Menschen gilt. Sie lautet: Wer abnehmen will, muss weniger Energie aufnehmen, als er verbraucht.

Schlanke Basics

Abnehm-Wunder gibt es nicht – aber mit Weight Watchers ist das Abnehmen einfacher! Lernen Sie das erfolgreiche Konzept unverbindlich in einer „Schnupperstunde" kennen.

Energieverschwendung ist angesagt

Egal ob Sie schlafen oder Sport treiben, Ihr Körper verbraucht Energie. Dabei setzt sich sein Gesamt-Energieverbrauch aus folgenden zwei Komponenten zusammen:

Grundumsatz

Das ist die Energiemenge, die der Körper im Ruhezustand verbraucht, um die Lebensfunktionen aufrechtzuerhalten. Das heißt, dass diese Energie für »Routinearbeiten« wie zum Beispiel die Herz- und Atemtätigkeit aufgewendet wird. Diesen Energieverbrauch können Sie kaum beeinflussen.

Leistungsumsatz

Natürlich benötigt der Organismus für die körperliche Bewegung und die geistigen Aktivitäten während des Tages weitere Energie, den so genannten Leistungsumsatz. Diesen Energieverbrauch können Sie – etwa durch Bewegung – sehr gut beeinflussen und sich beim Abnehmen zunutze machen.

Ihre Formel zum Abnehmen

    Erhöhung des Leistungsumsatzes durch mehr Bewegung
+ Verringern der Energiezufuhr
= Gewichtsverlust

Der Jojo-Teufelskreis

Vielleicht kennen Sie das auch: Sie hatten gut abgenommen. Doch kaum haben Sie ein paar Mal nicht aufgepasst, schon sind die Pfunde wieder zurückgekehrt und der Speck sitzt wie vorher an den ungeliebten Stellen. Oder noch schlimmer: Sie haben sogar mehr Gewicht zugenommen, als Sie vorher abgenommen hatten – womit oftmals der Teufelskreis der Diäten beginnt.

Hungersnot im Schlaraffenland

Doch woher kommt das? Warum will der Körper wieder zurück aufs alte, ungeliebte Gewichtsniveau, wo wir uns doch mit weniger Gewicht viel wohler gefühlt haben? Hier einige Erklärungen:

➤ Viele Menschen ändern zwar für die Zeit der Diät ihr Ernährungsverhalten, doch kaum ist das Wunschgewicht erreicht, nehmen sie ihre alten (und falschen) Ernährungsgewohnheiten wieder auf und fügen ihrem Körper mehr Energie zu, als er für den täglichen Grund- und Leistungsumsatz braucht. Der Körper revanchiert sich mit dem Wiederaufbau von Fettpölsterchen.

➤ Vor allem bei Crash- oder Nulldiäten reagiert der Körper sehr schnell: Er stellt sich auf eine »Hungersnot« ein und fährt, um Energie zu sparen, den Grundumsatz herunter. Nach Beendigung der Diät dauert es eine Weile, bis sich der Grundumsatz aufs Normalmaß »zurückstellt«. Das heißt aber auch, dass man sofort wieder zunimmt, wenn man nicht vorher eine Aufbauphase durchläuft.

➤ Der Grundumsatz ist unmittelbar vom Körpergewicht abhängig (je höher das Gewicht, desto höher auch der Grundumsatz). Um das Gewicht nach der Abnahme zu halten, darf die Energiezufuhr also auf keinen Fall mehr so hoch sein wie vorher.

Unser Motto: Nicht mit uns!

Wer langfristig nicht mehr zunehmen möchte, muss sich auf jeden Fall gesund und ausgewogen ernähren und dieses neue Ernährungsverhalten auch langfristig beibehalten. Das Weight Watchers Ernährungskonzept hat durch die genau ausgeklügelte angemessene Energiezufuhr außerdem einen Weg gefunden, dass sich der Grundumsatz während der Abnehmphase nicht zu stark reduziert. Danach sorgt das Erhaltungskonzept für einen langsamen Aufbau der Energiezufuhr, sodass sich der Körper optimal auf den veränderten Energiebedarf einstellen kann.

INFO

EINE ERFOLGSGESCHICHTE ...

➤ 1963 rief die Amerikanerin Jean Nidetch Weight Watchers ins Leben.
➤ Weight Watchers Treffen gibt es heute in 30 Ländern mit weltweit wöchentlich 1,5 Millionen Teilnehmern.
➤ Das globale Netzwerk umfasst 44.000 Weight Watchers Treffen pro Woche.

Points – der einfache Weg

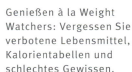

Genießen à la Weight Watchers: Vergessen Sie verbotene Lebensmittel, Kalorientabellen und schlechtes Gewissen.

Verbotene Lebensmittel? Fehlanzeige! Mit dem Weight Watchers *Points*-System können Sie Kalorientabellen & Co. vergessen. *20 Points* pro Tag, verteilt auf drei Mahlzeiten und zwei Snacks – fertig ist der Tagesplan. Dazu finden Sie viele Infos, die zeigen, wie einfach es ist, sich mit dem *Points*-System ausgewogen und gesund zu ernähren.

Weight Watchers – Ihre Experten in Sachen Ernährung

Vergessen Sie Breie, Drinks, Crashkuren und einseitige Diäten, die eine rasante Abnahme versprechen – Weight Watchers ist anders!

➤ Bei Weight Watchers gibt es keine »verbotenen Genüsse«, grundsätzlich sind alle Lebensmittel erlaubt. Die Entscheidung, was Sie essen möchten, liegt also ganz bei Ihnen.
➤ Legen Sie Ihre Kalorientabelle weg – das lästige Rechnen hat Weight Watchers schon für Sie erledigt. Übrigens fließen in die *Points* nicht nur die blanken Kalorien ein – es werden auch Fettgehalt und Gesundheitswert eines Lebensmittels berücksichtigt.
➤ Früher ein Diät-Alptraum, jetzt gut zu meistern: Restaurantbesuche oder Einladungen lassen sich in Ihren täglichen Ernährungsplan einbauen, da sich Weight Watchers Ihrem Lebensstil anpasst!

> **TIPP**
>
> **AUF DIE PLÄTZE ...**
>
> Sie haben das Gefühl, sofort anfangen zu müssen? Dann sollten Sie sich nicht aufhalten lassen und einfach mit den Tagesplänen auf Seite 26 beginnen.

Points: Punkten für die Figur

Bisher haben Kalorien und das leidige Zählen Ihr Leben bestimmt? Von nun an können Sie die kleinen Dickmacher namens Kalorien vergessen, die nicht nur in Sahnetorte, sondern auch in Obst und Gemüse lauern und das genussreiche Leben schwer machen. Hinzu kommt, dass Kalorienzählen mühsam und zeitaufwändig ist. Außerdem ist beim reinen Kalorienzählen Kalorie gleich Kalorie, egal ob Fette oder Kohlenhydrate dahinter stehen.

Points sind einfach anders

Bei Weight Watchers dagegen geht es um *Points*. Jedes Lebensmittel, jedes Getränk und jede Mahlzeit hat eine bestimmte Anzahl von *Points*. Dabei sind *Points* mehr als nur Kalorien, denn in die *Points* hat Weight Watchers alle Komponenten einer gesunden Ernährung hineingerechnet – so ernähren Sie sich ausgewogen und nehmen dabei noch ab.

Points: Ernährung leicht gemacht

Das *Points*-System zu erklären ist denkbar einfach: Alles, was Sie essen oder trinken, ist eine bestimmte Anzahl *Points* wert, wobei Ihnen jeden Tag eine Gesamtsumme an *Points* zur freien Verfügung steht.

Für den Anfang möchten wir Ihnen helfen. Deshalb haben wir für Sie ab Seite 26 vier Wochenpläne mit leckeren Rezepten zusammengestellt – so können Sie sehen, wie Sie mit Weight Watchers schlemmen und dabei noch abnehmen können. Tag für Tag erhalten Sie darin einfach und unkompliziert Ihre Schlemmer-Rezepte sowie viele Infos und Tipps rund ums Abnehmen.

Flexibel ...

Sie können in diese vier Wochen natürlich auch Restaurantbesuche einbauen und sogar Essenseinladungen annehmen, da Sie die Möglichkeit haben, *Points* einzusparen beziehungsweise sich durch Bewegung *Bonus-Points* dazuzuverdienen. Wie das geht? Ganz einfach. Wenn Sie hier und da einen der Snacks weglassen, am Abend überhaupt keinen Hunger haben und deswegen lieber zum *0-Points*-Obst oder -Gemüse (siehe dazu Seite 15) greifen, können Sie sich diese *Points* aufs Guthabenkonto schreiben und bei Bedarf für Restaurantbesuche oder Essenseinladungen verwenden. Das Gleiche gilt für *Bonus-Points,* die Sie sich durch Bewegung erarbeiten (siehe dazu Seite 91). In beiden Fällen bleibt Ihre

> **BITTE BEACHTEN SIE!**
>
> Das Weight Watchers Ernährungskonzept ist nicht dazu geeignet, Krankheiten zu erkennen, zu verhüten, zu lindern oder zu beseitigen. Insbesondere lässt sich damit auch kein krankhaftes Übergewicht heilen. Es trägt lediglich zur Gesundhaltung im Rahmen einer ausgewogenen Ernährungs- und Lebensweise bei. Wenn Sie schwanger sind oder stillen, haben Sie einen besonderen Nährstoffbedarf, der bei den in diesem Buch dargestellten Hinweisen nicht berücksichtigt wird. Bitte wenden Sie sich an Ihren Arzt.

Schlanke Basics

> **TIPP**
> **DYNAMIK STATT STILLSTAND**
> Die Weight Watchers Methode ist dynamisch, ändert sich ständig und reagiert stets auf neue Erkenntnisse in Sachen Ernährung: Mediziner, Ernährungswissenschaftler, Psychologen und Bewegungsexperten bringen gemeinsam mit der Weight Watchers Forschungs- und Entwicklungs-Abteilung das Ernährungskonzept laufend auf den neuesten Stand.

Points-Wochenbilanz makellos, und Sie nehmen trotz der Extras nicht zu, da Sie diese an anderer Stelle bereits eingespart oder dazuverdient haben. Aber: Pro Woche dürfen nur maximal *28 Points* eingespart werden.

... und vor allem gesund

Die Basis des Ernährungskonzepts ist eine ausgewogene Mischkost, die den Empfehlungen der Deutschen Gesellschaft für Ernährung (DGE) entspricht. Lassen Sie sich bitte von Ihrem Arzt beraten, ob Sie zusätzlich noch ein Vitamin- oder Mineralstoffpräparat einnehmen sollten.

Schnellstart

Dieses Buch ermöglicht Ihnen einen schnellen Einstieg in das Weight Watchers Ernährungskonzept – denn der Vier-Wochen-Power-Plan ist perfekt, wenn Sie einen ersten Schritt in Richtung Wunschgewicht wagen wollen. Wichtig: Nutzen Sie zusätzlich die vielen Tipps und Hintergrundinformationen zu den Themen Ernährung und Bewegung.

Und wie geht's weiter?

Weiterführende Informationen, Ihre (langfristige) individuelle *Pointszahl,* Kochbücher, Einkaufs- und Restaurantführer sowie viele weitere Hilfsmittel erhalten Sie bei den Weight Watchers Treffen – nicht zu sprechen von den Tipps und Infos, wie Sie Ihr Wunschgewicht erreichen und halten können. Wer an den Treffen nur sporadisch oder gar nicht teilnehmen kann, findet weitere Anregungen und Hilfe im Internet (www.weightwatchers.de).

Unsicher, was Sie essen und trinken dürfen? Mit dem *Points*-System haben Sie den Durchblick und ernähren sich gesund und ausgewogen.

Gelegenheit macht Obst- und Gemüseesser – sorgen Sie für ausreichend frischen Nachschub und bedienen Sie sich an den *0-Points*-Powerpaketen nach Lust und Laune.

Genuss hoch fünf

Von Obst und Gemüse können Sie gleich in mehrerlei Hinsicht profitieren: Sowohl der Genuss von Obst als auch von Gemüse verringert, wie zahlreiche Studien bestätigen, das Risiko an Krebs zu erkranken. Die Deutsche Gesellschaft für Ernährung empfiehlt deshalb, täglich fünf Portionen Obst und Gemüse (mindestens 370 g Gemüse und 250 g Obst) zu essen. Ihre »Fünf-am-Tag-Ration« könnte sich dann zum Beispiel aus einer Paprikaschote, zwei Tomaten, einem Apfel und einer Banane zusammensetzen. Oder bevorzugen Sie zwei Nektarinen, eine Zucchini, eine Möhre und eine Tomate? Ihrer Fantasie sind bei den Kombinationen keine Grenzen gesetzt!

Der zweite und ebenfalls überzeugende Vorteil von Obst und Gemüse ist, dass fast alle Sorten so gut wie fettfrei sind (Ausnahmen Oliven und Avocados), wenig Energie, dafür aber umso mehr Vitamine, Mineral- und Ballaststoffe liefern. Deshalb haben die meisten Obst- und Gemüsesorten auch *0 Points*. Wichtig: Natürlich ist die Auswahl durch die vielfältigen Importe heute riesig, und exotisches Obst bringt Abwechslung in den Alltag. Dennoch sollten Sie immer wieder Angebote der Saison nutzen, da die Früchte dann nicht nur preiswerter, sondern in der Regel auch frischer und vitaminreicher sind.

Frischer Genuss für *0 Points*

Folgende Gemüse- und Obstsorten können Sie genießen, ohne dass sie mit *Points* zu Buche schlagen – also genau das Richtige für den kleinen Hunger oder einen Extra-Snack.

Schlanke Basics

Gemüsesorten für

Artischocke	Lauch	Sellerie
Aubergine	Mangold	Spargel
Bambussprossen	Mixed Pickles	Spinat
Blattsalat	Möhren	Steckrüben
Blumenkohl	Paprikaschoten	Stielmus
Brokkoli	Pilze	Suppengemüse
Gemüsesäfte	Radieschen	Tomaten
Grünkohl	Rettich	Weinblätter
Gurke	Rosenkohl	Weißkohl
Knoblauch	Rotkohl	Wirsing
Kohlrabi	Sauerkraut	Zucchini
Kräuter	Schalotte	Zwiebel
Kürbis	Schwarzwurzel	

Diese Powerpakete aus dem Garten der Natur gibt's bei Weight Watchers für *0 Points*. Wer da nicht zugreift, ist selbst schuld!

Obstsorten für

Ananas	Guave	Nektarine
Apfel	Himbeeren	Orange
Aprikose	Kiwi	Papaya
Birne	Limette	Pfirsich
Erdbeeren	Mandarine	Tangerine
Grapefruit	Melone	Waldbeeren

Etwas Warmes für zwischendurch

Hunger auf etwas Deftiges zwischen den Mahlzeiten? Dann sind die Weight Watchers Gemüse-Schlemmer-Suppen für *0 Points* genau die richtige Wahl. Für zwischendurch oder wenn man *Points* für eine Einladung sparen möchte. Sie sind schnell zubereitet und liefern Ihrem Körper mit jedem Teller wertvolle Vitamine, Mineral- und Ballaststoffe.

Weight Watchers Gemüsesuppe

1 Zwiebel
1 Möhre
100 g Blumenkohl
½ kleine Dose Tomaten (Dose mit 240 g Abtropfgewicht)
100 ml Gemüsebrühe (Instant)
Salz, frisch gemahlener Pfeffer
frisch gehackte Kräuter nach Belieben

Etwas Warmes braucht der Mensch. Ideal, wenn die Schlank-und-fit-Formel dann auch noch für *0 Points* zu haben ist.

❶ Die Zwiebel schälen und würfeln. Möhre und Blumenkohl putzen, die Möhre in dünne Scheiben schneiden, den Blumenkohl in mundgerechte Röschen teilen.
❷ Eine Pfanne ohne Fett erhitzen und das Gemüse darin kurz anbraten. Tomaten und Brühe zugeben und 10–15 Minuten köcheln. Mit Salz, Pfeffer und Kräutern würzen.

> **TIPP**
> **SUPPENSPASS**
> Variieren Sie die Suppe nach Lust, Laune und Jahreszeit. Wählen Sie aus der Vielzahl der Gemüsesorten für *0 Points* und probieren Sie ruhig einmal gewagtere Kombinationen aus! Und auch in punkto Kräuter ist Experimentieren angesagt – alles was Ihr Kräutergarten hergibt, ist in der Suppe willkommen. Übrigens: Tiefkühl-Kräuter sind ein optimaler Ersatz!

Asiatische Suppe

1 Frühlingszwiebel, 1 Knoblauchzehe
1 Möhre, 100 g Champignons
je 100 g Bambussprossen (Dose) und Sojasprossen
125 ml Gemüsebrühe (Instant)
1 EL Sojasauce
1 Msp. Chilipulver

❶ Zwiebel, Knoblauch, Möhre und Champignons waschen bzw. putzen, Gemüse in Streifen, Pilze in Scheiben schneiden.
❷ Die Brühe aufkochen. Gemüse, Pilze, Sprossen und Sojasauce zugeben und das Gemüse bissfest garen. Mit Chili würzen.

Schlanke Basics

Flower Power von der Fensterbank – peppen Sie Ihre Gerichte mit frischen Kräutern auf.

Alles andere als unnützer Ballast

Ballaststoffe sind unverdauliche Bestandteile pflanzlicher Nahrungsmittel, also beispielsweise Fasern, Schalen oder Zellwände von Gemüse und Getreide. Früher hielt man sie aufgrund ihrer Unverdaulichkeit für überflüssigen »Ballast«. Heute weiß man, dass sie viele positive Eigenschaften mitbringen:
➤ Sie regen bereits bei der Nahrungsaufnahme dazu an, die Nahrung länger zu kauen.
➤ In Magen und Darm quellen sie – bei entsprechender Flüssigkeitszufuhr – auf und vergrößern damit die Nahrungsmenge, ohne jedoch extra Energie zu liefern.
➤ Sie regen außerdem die Verdauung an.
Besonders reichlich sind Ballaststoffe in Obst und Gemüse, in Hülsenfrüchten, Vollkornprodukten und Kleie zu finden.

Fette Fakten …

Wer eine Diät macht, sollte sich möglichst fettarm ernähren, denn es stimmt, dass zu viel Fett fett macht. Doch es ist auch eine Tatsache, dass unser Körper ganz ohne Fett auch wieder nicht funktionieren könnte, da …
➤ … Fett die Körperorgane schützt.
➤ … die fettlöslichen Vitamine A, D, E und K nur dann im Darm aufgenommen werden können, wenn gleichzeitig eine gewisse Menge Fett mitverzehrt wird.
➤ … Fett eine wichtige Energiequelle ist.

Doch Fett ist nicht gleich Fett. Je nach Aufbau des Fettmoleküls wird unterschieden zwischen gesättigten, einfach ungesättigten und mehrfach ungesättigten Fettsäuren. Es hängt also von der Beschaffenheit des Fetts ab, wie gesund es für unseren Körper ist.

Gesättigte Fettsäuren

Sie liefern von allen Fettsäuren die für den Körper am wenigsten wertvollen Fette und werden gleichzeitig für den Anstieg des Cholesterins im Blut verantwortlich gemacht. Zu finden sind sie vor allem in tierischen sowie in einigen pflanzlichen Fetten:
➤ in fettem Fleisch, in Käse und fetter Wurst;
➤ in Schmalz;
➤ in Palmkern- und Kokosfett.

Einfach ungesättigte Fettsäuren

Im Gegensatz zu den gesättigten Fettsäuren haben die einfach ungesättigten einen günstigen Einfluss auf den Cholesterinspiegel, weil sie das »böse« Cholesterin (LDL) vertreiben

TIPP

FITTE FETTE
Fett macht nicht nur dick, sondern ist für den Körper auch lebenswichtig. Deshalb: Wenn Fett, dann wenig und das richtige.

und gleichzeitig den HDL-Spiegel (»gutes« Cholesterin) im Blut erhöhen. Dadurch helfen sie, der Arterienverkalkung, dem Hauptrisikofaktor für Herz-Kreislauf-Erkrankungen, langfristig vorzubeugen. Einfach gesättigte Fettsäuren findet man beispielsweise in:

- Oliven- und Rapsöl;
- Nüssen;
- Avocados.

Mehrfach ungesättigte Fettsäuren

Einige ungesättigte Fettsäuren kann der Körper nicht selbst aufbauen. Zu diesen essenziellen, also lebensnotwendigen Fettsäuren gehören unter anderem die Omega-3-Fettsäuren, denen günstige Wirkungen auf das Herz-Kreislauf-System zugeschrieben werden. Alle essenziellen Fettsäuren müssen über die Nahrung zugeführt werden und befinden sich unter anderem in:

- Pflanzenölen wie Distel-, Sonnenblumen-, Soja- oder Keimöl;
- fetteren Fischsorten wie Lachs, Makrele, Sardine und Hering;
- hochwertiger Margarine.

Die gesunden Fettsäuren der Avocado sind ein gutes Beispiel dafür, dass Fett auch seine guten Seiten hat.

... und fette Fehler

Das Hauptproblem beim Fett liegt darin, dass ein Großteil der Nahrungsfette unbewusst aufgenommen wird, da es sich um so genannte »versteckte Fette« handelt, die auf den ersten Blick gar nicht wahrzunehmen sind – oder wussten Sie, dass in einer Tafel Schokolade oder einer Bratwurst jeweils zwischen 30 und 50 g Fett enthalten sind?

Nicht nur in Schokolade und Bratwurst, auch in Nüssen, Fertiggerichten oder Aufschnitt lauern wahre Fettdepots. Doch es gibt Tricks, um sich vor zu viel Fett zu schützen:

- Bestreichen Sie Ihr Brot nicht dick mit Butter, sondern sparsam mit Margarine.
- Lassen Sie Sahnesaucen und Sahnetorten links liegen und greifen Sie stattdessen zu fruchtigen Gemüsesaucen und süßen Obstkuchen – aber bitte ohne Sahne!
- Seien Sie vorsichtig bei frittierten Lebensmitteln und allem Panierten: In der krossen Hülle lauern wahre Fettseen.
- Probieren Sie fettarme Varianten von Käse, Joghurt, Milch und Quark – Sie werden sehen, auch sie schmecken gut!
- Ihr Fleisch beziehungsweise Ihre Wurst hat einen mehr oder weniger dicken Fettrand? Schneiden Sie die fetten Stücke einfach ab und lassen Sie diese liegen.
- Vergessen Sie den Schwups Öl in die Pfanne: Dosieren Sie Fette und Öle genau und entsprechend den Rezeptangaben.
- Verzichten Sie so weit wie möglich auf Fertigprodukte. Neben versteckten Fetten enthalten sie oft jede Menge Zucker und Zusatzstoffe.

Schlanke Basics

0-Points-Wasser erfrischt und bremst dabei noch den Hunger aus.

Wasser wirkt Wunder

Mithilfe von Wasser werden Nährstoffe und Abbauprodukte im Körper gelöst und können so leicht zu den Zellen beziehungsweise zu den Ausscheidungsorganen transportiert werden. Zudem finden die meisten biochemischen Reaktionen im Körper in einem wässrigen Milieu statt. Daher verwundert es kaum, dass unser Körper zu 50 bis 70 Prozent (das variiert je nach Alter und Geschlecht) aus Wasser besteht. Um diesen Wasserhaushalt stets aufrechtzuerhalten, sollten Sie täglich mindestens 1,5 bis 2 Liter trinken!
Zusätzlich zu dieser »echten« Flüssigkeitsaufnahme nehmen Sie noch Flüssigkeit über Ihre Nahrung auf. Doch wenn Sie während des Abnehmens weniger essen, bekommt Ihr Körper auch hier weniger Flüssigkeit aus der Nahrung – Sie müssen also mehr trinken.

Trinken Sie sich satt

Außerdem hat Wasser eine sättigende Wirkung, die Sie nutzen können. Probieren Sie es aus: Ein Glas vor dem Essen kann wahre Sättigungs-Wunder bewirken!
Während Sie Ihren Pfunden zu Leibe rücken, brauchen Sie aber nicht nur Wasser zu trinken. Bringen Sie mit einigen Zitronen- oder Limettenschnitzen Farbe und Geschmack in den Wasserkrug oder mit Früchtetees und Fruchtschorlen Abwechslung in Ihren Trinkalltag.

Mit Kilo Kick den Turbo einlegen

Sie nehmen langsam und sicher ab, würden jedoch gern von Zeit zu Zeit noch etwas Tempo dabei zulegen? Dann haben wir mit den Kilo Kicks das Richtige für Sie!

Was ist der Kilo Kick?

Basis für den Kilo Kick war, dass wir herausfinden wollten, warum in manchen Wochen das Abnehmen besser gelingt als in anderen. Deshalb stellten wir vielen unserer Mitglieder folgende Frage: »Welche Strategie hat Ihnen in einer Woche, in der Sie besonders gut abgenommen haben, geholfen? Was haben Sie geändert, gegessen oder zusätzlich ausprobiert?« Wir haben die Ergebnisse gesammelt, ausgewertet und so ausgearbeitet, dass sie nun auch Ihnen zum Kilo Kick verhelfen können. Hier die interessantesten Tipps auf einen Blick:

 »Vegetarian love«

Drei vegetarische Tage pro Woche reichen als besonderer Kick aus – und Sie können sich über einen guten Gewichtsverlust freuen! In den Tagesplänen ab Seite 26 finden Sie viele Vorschläge für vegetarische Frühstücke, leichte Gerichte und Hauptmahlzeiten.

 »Abenteuer Enthaltsamkeit«

Verzichten Sie sieben Tage völlig auf Alkohol und Süßigkeiten! Viele Mitglieder berichten, dass diese eine Woche »ganz ohne« den Zeiger der Waage superschnell sinken ließ.
Doch das »Abenteuer Enthaltsamkeit« sollte nicht zum Dauerzustand werden. Denn wer mit Weight Watchers abnimmt, braucht langfristig auf nichts zu verzichten! Im Gegenteil, es ist sogar nicht zu empfehlen, sich permanent etwas zu versagen, weil es sonst leicht zu einem Heißhunger auf »verbotene« Lebensmittel kommen kann.

Stark sein und stark werden

Ein zeitlich begrenzter Verzicht kann hingegen stark machen – es sind ja schließlich nur sieben Tage, 168 Stunden oder 10 080 Minuten ohne die leckeren Extras! Vielleicht stellen Sie in dieser Woche ja auch fest, dass Sie die Süßigkeiten gar nicht so dringend brauchen, wie Sie immer gedacht haben.

 »Wünsch dir was«

Mit jedem Kilo, das Sie verlieren, tun Sie Ihrem Körper etwas Gutes. Belohnen Sie sich zusätzlich noch mit kleinen Freuden – am besten, Sie erstellen Ihr persönliches Belohnungsprogramm, das so aussehen könnte:

IHR ERFOLG	IHRE BELOHNUNG
Das erste Kilo	Ein Blumenstrauß
Eine Kleidergröße ist geschafft	Eine neue Bluse
Die Hälfte des Übergewichts ist abgenommen	Einen Abend für sich planen
Wunschgewicht erreicht	Ein Wellness-Verwöhn-Wochenende

Motivation pur!

Wer allein nach der Weight Watchers Methode abnehmen will, hat gute Chancen erfolgreich zu sein. Doch eine Studie hat gezeigt, dass Abnehmen in Gesellschaft besser funktioniert!

In Gesellschaft ist's leichter

Dabei wurden über 400 Testpersonen beobachtet. Eine Gruppe bekam eine einmalige Beratung, danach nahm jeder für sich ab. Die anderen Testpersonen besuchten regelmäßig ein Weight Watchers Treffen. Nach zwei Jahren zeigte sich, dass die Testpersonen, die konstant zu den Weight Watchers Treffen gingen, wesentlich besser abgenommen hatten und zudem zufriedener und fitter waren als die Testpersonen der anderen Gruppe.

Power-Treffen ...

Einmal wöchentlich, dafür aber umso intensiver – so können die Weight Watchers Treffen beschrieben werden. Zu Beginn eines jeden Treffens werden alle Teilnehmer nacheinander und ganz diskret gewogen.

... mit vielen Infos

Dann geht es um die Hintergründe des Abnehmens: Ernährungsverhalten und Verhaltensstrategien sind nur zwei von vielen Schwerpunkten, die mit den Teilnehmern besprochen werden. Das Treffen wird von einer von Weight Watchers ausgebildeten Leiterin moderiert, die für die Anliegen der Teilnehmer immer ein offenes Ohr hat. Gemeinsam werden Lösungen erarbeitet und Informationen zu Fragen der Ernährung, Bewegung und des Verhaltens besprochen. Mehr Informationen und die am häufigsten gestellten Fragen finden Sie auf Seite 116. Oder besuchen Sie einfach unverbindlich ein Weight Watchers Treffen.

Erfolg durch Motivation

Als Sabine kürzlich beim Einkaufen nach ihrer Hosengröße gefragt wurde, antwortete sie spontan »44/46«. Die Verkäuferin sah sie ungläubig an – und die 28-Jährige korrigierte sich auf die neue Größe: 38!
Zu viele Süßigkeiten und fettes Essen, aber auch der Jojo-Effekt waren für das Übergewicht verantwortlich gewesen. Als Sabine schließlich ein Urlaubsvideo von sich sah, beschloss sie, ihren Körper wieder in Form zu bringen.
»Total aufgeregt« besuchte Sabine ihr erstes Weight Watchers Treffen. Ungläubig erfuhr sie, dass keine Wunderdiät, sondern einfach eine gesunde Ernährungsumstellung angesagt war. Der Erfahrungsaustausch mit den anderen Teilnehmern motivierte – mit Erfolg!
Sabine hat das Gefühl, ihrem Körper einen Gefallen getan zu haben, zumal sie sich jetzt belastbarer und voller Energie fühlt. Und natürlich findet sich Sabine in Konfektionsgröße 38 attraktiver und schöner.

Wer sich in seinem Körper wohl fühlt und sich mag, strahlt dies auch aus. Sabine ist das beste Beispiel ...

Der 4-Wochen-Power-Plan

> Es ist so weit – nachdem Sie sich einen Überblick über die Weight Watchers Basics verschafft haben, geht es jetzt rein ins Koch- und Schlemmervergnügen. Genießen Sie vier Wochen, in denen Sie sich mit köstlichen Gerichten satt essen und dabei Woche für Woche Pfunde verlieren.

Einsteigen ...

... und Dranbleiben

Sie möchten mit dem bewährten Weight Watchers System abnehmen? Dann liegen nun 28 Schlemmertage mit köstlichen Gerichten und viel Abwechslung vor Ihnen. Das Abnehmen mit dem 4-Wochen-Power-Plan klappt zudem schnell und völlig unkompliziert – und nebenbei lernen Sie noch das bewährte Weight Watchers Ernährungskonzept kennen.

Woche 1 Auf die Plätze ...

Sie haben Angst, dass die erste Woche die schlimmste ist? Stimmt nicht! Hier finden Sie Rezepte, mit denen Sie ohne lästiges Hungergefühl in ein leichteres Leben starten. Wichtig: Bereits am ersten Tag beginnt Ihre Ernährungsumstellung.

Woche 2 Power pur!

Jetzt geht's erst richtig los! Die abwechslungsreichen Tagespläne fordern zum Durchstarten auf, die Rezepte sind wie immer einfach lecker – und die Pfunde purzeln.

Woche 3 Einfach weiterpowern

Und noch mehr Power in Rezeptform: Mit diesen Gerichten ist das Dranbleiben ganz einfach. Super: Sie selbst können das Dahinschmelzen Ihrer Fettpölsterchen beschleunigen, indem Sie den einen oder anderen Kilo Kick umsetzen und sich einfach durch Bewegung *Bonus-Points* dazuverdienen.

In den Power-Wochen müssen Sie auf nichts verzichten – vor allem nicht auf Spaß mit Freunden beim Kochen und Schlemmen.

Woche 4 Genießen angesagt!

Die ersten Erfolge werden mit einer Woche voller Genüsse belohnt – freuen Sie sich über Ihren ersten Gewichtsverlust und gönnen Sie sich die Freiheiten und Köstlichkeiten, die Weight Watchers Ihnen bietet.

POWER FÜR MANN UND FRAU

Dieser Plan gilt für Frauen mit mäßigem Übergewicht. Wer als Mann mit Weight Watchers seinen überflüssigen Pfunden zu Leibe rücken möchte, verdoppelt einfach die Zutaten der Hauptmahlzeit, die restlichen Rezepte bleiben wie beschrieben.
Wichtig: Wenn Sie Hunger haben oder nach den ersten zwei Wochen immer noch mehr als 0,5 bis 1 kg pro Woche abnehmen, vergrößern Sie bitte Ihre Portionen oder genießen Sie einen Snack zusätzlich.

Zehn Basics, bevor es losgeht

 Lecker geplant

Jeder Tagesplan basiert auf *20 Points*:
- Frühstück   *5 Points*
- Leichte Mahlzeit *6 Points*
- Hauptmahlzeit   *7 Points*
- Snack (2 pro Tag) *je 1 Points*

Dabei spielt es keine Rolle, ob Sie Ihre Hauptmahlzeit mittags oder abends genießen – wichtig ist nur, dass Sie Ihr Tageslimit an *Points* nicht überschreiten. Übrigens sind alle Rezepte, wenn nicht anders angegeben, für eine Person berechnet.

 Freie Auswahl

Leckere Kleinigkeiten zwischendurch sind nicht nur erlaubt, sondern sogar gewünscht! Vergessen Sie deshalb nicht, sich jeden Tag zwei Snacks auszusuchen – und zu genießen. Eine Auswahl finden Sie ab Seite 82.

 Gut versorgt

Wenn Sie sich an die Tagespläne halten, ernähren Sie sich ausgewogen und damit gesund. Denn wir haben die Rezepte so zusammengestellt, dass sie Ihnen alle Nährstoffe liefern, die Ihr Körper braucht, um gesund zu bleiben.

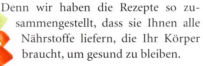

 So bleiben Sie flexibel

Die Mahlzeiten der verschiedenen Tage sind austauschbar: Ihnen hat das Frühstück des dritten Tages so gut geschmeckt? Kein Problem, tauschen Sie es einfach gegen ein anderes Frühstück Ihrer Wahl aus.

 Essen außer Haus – kein Problem!

Keine Lust auf Kochen? Macht nichts! Sie können Mahlzeiten aus den Tagesplänen ganz einfach durch Restaurantgerichte ersetzen. Ab Seite 102 verraten wir Ihnen, wie die »Wechselkurse« dafür aussehen.

 Extras – leicht verdient ...

Durch Bewegung können Sie sich zusätzliche *Bonus-Points* verdienen. Für diese *Points* können Sie sich leckere Extras (Seite 112) gönnen oder diese aufsparen und damit Ihre Abnahme beschleunigen. Erfahren Sie mehr über die *Bonus-Points* auf Seite 91.

 ... oder genial kombiniert

Sie haben Appetit auf eine weitere Mahlzeit? Dann sollten Sie die Kombinationsmöglichkeit nutzen, *Bonus-Points* ein- und Mahlzeiten auszutauschen: Wenn Sie zum Beispiel das Erdbeer-Vanille-Eis auf Seite 111 genießen möchten, essen Sie einen Snack weniger und tauschen zusätzlich *1 Bonus-Points* dafür ein.

Power-Plan

 Trinken Sie sich schön

Pro Tag sollten Sie mindestens 1½ Liter Flüssigkeit zu sich nehmen – am besten in Form von Wasser oder Kräutertee.

 Unbeschwert genießen

Zwischendurch eine Kleinigkeit, die nicht zu Buche schlägt? Kein Problem, denn Gemüse als Rohkost oder *0-Points*-Obst können Sie genießen, so oft Sie wollen. Alle *0-Points*-Sorten finden Sie auf Seite 15. Diese Liste können Sie natürlich auch dazu nutzen, um nach Belieben einzelne Obst- und Gemüsesorten in den Rezepten auszutauschen.

10 Einkaufen mit System

Mit unseren Einkaufslisten fällt das lästige Zusammensuchen und -schreiben weg, das haben wir schon für Sie erledigt. Sie müssen die Listen, die Sie ab Seite 85, im Anschluss an die Wochenpläne finden, nur noch kopieren.

Einkaufen mit System: Nutzen Sie die ausführlichen Einkaufslisten (ab Seite 85) und gehen Sie immer zu Beginn der Woche shoppen. Nur was Obst und Gemüse angeht, sollen Sie auf Frische setzen und jeden zweiten Tag für Nachschub sorgen.

Auf die Plätze ... Tag 1

Frühstück
Alltagsfrühstück

2 Scheiben Vollkorntoast
2 EL Frischkäse (30 % Fett i. Tr.)
2 TL Fruchtaufstrich
1 Obst für 0 Points (z. B. Nektarine)
250 g Joghurt (1,5 % Fett)
1 TL Vanillezucker

TIPP — SNACK-*POINTS* SPAREN
Ihnen reicht der Toast als Frühstück, da Sie morgens kaum Hunger haben? Dann nutzen Sie den Joghurt mit Obst als Zwischenmahlzeit.

❶ Den Toast rösten. Gleichmäßig mit dem Frischkäse bestreichen und den Fruchtaufstrich darauf verteilen.

❷ Das Obst nach Bedarf waschen oder putzen und in mundgerechte Würfel schneiden. Mit dem Joghurt und dem Zucker vermengen und zum Toast genießen.

Leichte Mahlzeit
Pellkartoffeln mit Krabben-Dip

250 g Kartoffeln
1/2 TL Salz
6 EL Magerquark
2 EL Mineralwasser
1 TL Pflanzenöl
1/2 Knoblauchzehe
50 g Krabben
Salz
frisch gemahlener Pfeffer
1/2 TL Dillspitzen
1 Spritzer Zitronensaft
6 Radieschen
1 Obst für 0 Points (z. B. Apfel)

TIPP — SNACK-IDEEN
Vergessen Sie das Snacken nicht! Wie wäre es denn heute mit einem knackigen Gemüse-Dip oder sogar einem Stück Schokolade? Diese und mehr Ideen finden Sie ab Seite 82. Übrigens können Sie heute bereits die Kartoffeln für die Bratkartoffeln von Tag 4 mitkochen, da sie sich mehrere Tage im Kühlschrank halten. Bei neuen Kartoffeln kann man die Schale mitessen – und gerade dort stecken die wertvollsten Inhaltsstoffe. Die Kartoffeln dann aber vor dem Kochen gründlich mit einer Bürste säubern.

❶ Die Kartoffeln unter fließendem Wasser gründlich waschen. In einem Topf knapp mit Wasser bedecken, salzen und zugedeckt bei schwacher Hitze garen.

❷ Den Quark mit Wasser und Öl verrühren, den Knoblauch schälen, dazupressen und mit den Krabben untermengen. Salzen, pfeffern und mit Dill und Zitronensaft abschmecken.

❸ Die Radieschen waschen und in feine Scheiben schneiden. Die Kartoffeln abgießen, ausdampfen lassen, nach Belieben pellen und alles mit dem Quark auf einem Teller anrichten. Das Obst als Dessert genießen.

Erste Woche

Hauptmahlzeit
Makkaroni mit Geflügel-Bolognese

2 Möhren
Salz
100 g Knollensellerie
1 Zwiebel
1 kleine Knoblauchzehe
90 g Putenschnitzel
1 TL Pflanzenöl
150 g passierte Tomaten (Fertigprodukt)
100 ml Gemüsebrühe (Instant)
1 kleiner Zweig Rosmarin
60 g Makkaroni
Salz, 1 Msp. Chilipulver
1 TL Sojasauce
3 EL frisch geriebener Parmesan

❶ Die Möhren putzen und in wenig Salzwasser bissfest garen. Sellerie, Zwiebel und Knoblauch putzen bzw. schälen und würfeln. Das Putenschnitzel sehr klein hacken. Die Möhren abgießen und ebenfalls würfeln.

❷ Das Öl in einer Pfanne erhitzen und das Fleisch darin anbraten. Zwiebel, Knoblauch, Sellerie, Möhren zugeben und kurz mitbraten.

❸ Tomaten, Brühe und Rosmarin unterrühren und alles ca. 10 Minuten köcheln lassen. Inzwischen die Nudeln nach Packungsanleitung kochen. Die Sauce mit Salz, Chili und der Sojasauce würzen und auf den abgegossenen Nudeln verteilen. Mit Parmesan bestreuen.

TIPP
KLEINE MENGENLEHRE
Sie haben bereits Nudeln vorgekocht? Dann benötigen Sie etwa 180 g gekochte statt der 60 g rohen Nudeln, was in etwa 1 1/2 kleinen Kaffeetassen entspricht.

Endlich eine Bolognese-Sauce, die mit wenig Fett daherkommt und zu den Makkaroni einfach super schmeckt!

Auf die Plätze ... Tag 2

Provenzalisches Rührei – Augen zu und die Aromen südlicher Gemüse- und Kräutersorten genießen.

Frühstück
Käse-Tomaten-Brötchen
mit Basilikum

1 Brötchen
2 EL Frischkäse (30 % Fett i. Tr.)
30 g Schnittkäse (30 % Fett i. Tr)
1 Tomate
Salz, frisch gemahlener Pfeffer
einige Blätter frisches Basilikum
1 Obst für *0 Points* (z. B. Pfirsich)

❶ Das Brötchen halbieren, mit Frischkäse bestreichen und mit dem Käse belegen. Die Tomate waschen, vom Stielansatz befreien und in Scheiben schneiden.

❷ Das Brötchen damit belegen und mit Salz, Pfeffer und in Streifen geschnittenem Basilikum bestreuen. Dazu das Obst genießen.

> **TIPP — KEINE LUST AUF ABWIEGEN?**
> Dann hilft diese Faustregel: Ein Stück Käse in Größe einer Streichholzschachtel wiegt etwa 30 Gramm.

Leichte Mahlzeit
Provenzalisches Rührei

½ kleine Zwiebel
50 g Zucchini
50 g Aubergine

Erste Woche

1 Tomate
Salz, frisch gemahlener Pfeffer
$1/2$ TL Thymianblättchen
2 Eier
2 EL Milch (1,5 % Fett)
1 TL Pflanzenöl
1 Scheibe Vollkorntoast
1 Obst für 0 Points (z. B. Grapefruit)

> **TIPP**
> **TAUSCHGESCHÄFTE**
> Beim Gemüse sind Ihrer Fantasie und Ihren Vorlieben keine Grenzen gesetzt.

❶ Gemüse schälen bzw. putzen und in gleichmäßige Würfel schneiden. In wenig Wasser ca. 10 Minuten dünsten. Abgießen, abtropfen lassen und mit Salz, Pfeffer und Thymian würzen.

❷ Die Eier mit der Milch und 1 Prise Salz verquirlen. Das Öl in einer Pfanne erhitzen und die Eimischung darin bei geringer Hitze leicht stocken lassen. Das Gemüse darauf verteilen und das Rührei fertig garen. Mit dem Toast und dem Obst genießen.

Hauptmahlzeit
Hähnchen-Pfirsich-Auflauf
mit Nusskruste

150 g Brokkoliröschen
Salz
3 Pfirsichhälften (aus der Dose, ohne Zucker)
1 kleines Hähnchenbrustfilet (120 g)
1 TL Pflanzenöl

1 TL Sojasauce
$1/2$ TL Currypulver
frisch gemahlener Pfeffer
1 TL gehackte Nüsse
2 TL edelsüßes Paprikapulver
30 g geriebener Käse (30 % Fett i. Tr.)
2 EL gegarter Reis

❶ Den Brokkoli in wenig Salzwasser bissfest garen. Abgießen und abtropfen lassen. Die Pfirsiche würfeln. Den Backofen auf 200° vorheizen.

❷ Das Filet trockentupfen und im heißen Öl rundum anbraten. Mit Sojasauce, Curry, Salz und Pfeffer würzen.

❸ In eine Auflaufform legen und die Brokkoliröschen, Pfirsiche und Nüsse darauf verteilen. Mit Paprika bestäuben und den Käse darüber streuen. Im vorgeheizten Backofen bei 200° (Mitte, Umluft 180°) 20–25 Minuten überbacken. Mit dem Reis servieren.

> **TIPP**
> **GENUSS PUR!**
> Jetzt ist eine super Gelegenheit, sich auf die schönen Dinge des Lebens zu konzentrieren – und mal wieder so richtig zu genießen. Essen Sie langsam und bewusst. Nehmen Sie sich Zeit und legen Sie öfter mal das Besteck aus der Hand. Freuen Sie sich auf die restlichen Pfirsiche aus der Dose als Nachtisch.

Auf die Plätze ... Tag 3

Mit frischen Beeren ein Gedicht: Beeren-Milchreis.

TIPP

IDEAL FÜR EILIGE

Morgens muss es bei Ihnen immer schnell gehen? Dann ist dieses Frühstück ideal, denn es lässt sich gut am Abend vorbereiten.

Frühstück
Beeren-Milchreis

180 ml Milch (1,5 % Fett)
2 EL Wasser
1 Prise Salz, 1/2 TL gemahlene Vanilleschoten
1 Stück unbehandelte Zitronenschale
30 g Milchreis
3 EL Magerquark
1 TL Vanillezucker
Süßstoff, 1/2 TL Zimt
150 g Beeren (frisch oder TK)
125 ml Kefir (1,5 % Fett)

❶ Die Milch mit Wasser, Salz, Vanillepulver und Zitronenschale unter Rühren aufkochen.

Den Reis einrühren und zugedeckt bei schwacher Hitze ca. 30 Minuten ausquellen lassen. Mehrmals umrühren. Die Zitronenschale entfernen und den Reis auskühlen lassen.

❷ Den Quark unter den erkalteten Reis rühren und mit Vanillezucker, Süßstoff und Zimt würzen. Die Beeren darauf verteilen. Dazu den Kefir als Getränk genießen.

TIPP

EXTRAS AM ABEND

Haben Sie Ihre zwei leckeren Snacks heute schon verplant? Wie wäre es mit einem Glas trockenem Rotwein und 10 Salzbrezeln als »Gute-Nacht-Snack«?

Erste Woche

Leichte Mahlzeit
Geflügel-Brötchen
mit Mango-Chutney

1 kleines Putenschnitzel (ca. 120 g)
1 TL Pflanzenöl
Salz, frisch gemahlener Pfeffer
1/4 TL Currypulver
1 Brötchen
2 Salatblätter
2 TL Mayonnaise (20 % Fett)
1 EL Mango-Chutney (Fertigprodukt)
2 Möhren
1 Obst für 0 Points (z. B. Erdbeeren)

❶ Das Schnitzel trockentupfen und im heißen Öl rundum knusprig braun braten. Kräftig mit Salz, Pfeffer und Curry würzen.

❷ Das Brötchen aufschneiden. Die untere Hälfte mit 1 Salatblatt und dem Schnitzel belegen. Mit der Mayonnaise bestreichen und das Chutney darauf verteilen. Mit dem zweiten Salatblatt und der zweiten Brötchenhälfte abdecken. Möhren und Obst waschen bzw. putzen und als »Beilage« dazu essen.

Hauptmahlzeit
Lachs mit
Kräutern der Provence

125 g frisches Lachsfilet
1 TL Pflanzenöl
Salz, frisch gemahlener Pfeffer
200 g Zucchini
1 Zwiebel
1 Knoblauchzehe
125 ml Milch (1,5 % Fett)
1 EL Tomatenmark
1/2 TL Gemüsebrühepulver (Instant)
1/2 TL Kräuter der Provence
1/2 TL Oregano
4 TL Kondensmilch (4 % Fett)
2 Tomaten
1 EL frisch geriebener Parmesan
1 EL gegarter Reis

❶ Das Lachsfilet trockentupfen und in einer Pfanne im heißen Öl von beiden Seiten braten. Aus der Pfanne nehmen, mit Salz und Pfeffer würzen und warm stellen.

❷ Die Zucchini waschen, putzen und in Scheiben schneiden. Zwiebel und Knoblauch schälen, fein hacken und im verbliebenen Fett glasig dünsten. Die Zucchini zugeben und mitdünsten. Milch und Tomatenmark unterrühren und mit Gemüsebrühe, Kräutern, Salz und Pfeffer kräftig würzen.

❸ Die Kondensmilch hinzufügen und kurz einkochen lassen. Inzwischen die Tomaten waschen, vom Strunk befreien und in gleichmäßige Scheiben schneiden. Unter das Gemüse heben und alles zusammen ca. 5 Minuten köcheln lassen.

❹ Das Gemüse auf einem Teller anrichten und das Lachsfilet darauf setzen. Mit dem frisch geriebenen Parmesan bestreuen und mit dem warmen Reis servieren.

> **TIPP**
> **FIT-FISCHE**
> Fischarten wie Lachs, Makrele und Hering sind nicht gerade mager, enthalten dafür aber besonders viele wertvolle mehrfach ungesättigte Fettsäuren. Regelmäßig genossen senken sie das Herzinfarktrisiko.

Auf die Plätze ... Tag 4

Frühstück
Camembert-Birnen-Schnitte
mit Honig-Grapefruit

1 Scheibe Vollkornbrot (60 g)
1 TL Halbfettmargarine
40 g Camembert (30 % Fett i. Tr.)
1 reife Birne
1 TL Fruchtaufstrich
1 Grapefruit
2 TL Honig

❶ Das Brot mit Margarine bestreichen. Den Käse in Streifen schneiden und das Brot damit belegen. Die Birne waschen, vierteln, vom Kerngehäuse befreien. Die Viertel in feine Spalten schneiden und fächerförmig auf dem Brot anrichten. Den Fruchtaufstrich als dicken Klecks auf den Käse setzen.

❷ Die Grapefruit halbieren und nach Belieben die Segmente vorschneiden. Mit Honig beträufeln und mit dem Brot anrichten.

Leichte Mahlzeit
Blattsalat mit Thymian-Geflügelleber

1 kleiner Radicchio
1/4 Blattsalat (z. B. Lollo rosso, Eichblattsalat)
6 Cocktailtomaten
2 EL Aceto balsamico
2 TL Pflanzenöl
1/2 TL Senf
1 EL saure Sahne
1 EL Orangensaft
Salz
frisch gemahlener Pfeffer
2 Frühlingszwiebeln
100 g Geflügellebern (ersatzweise 150 g Geflügelfilet)
1/2 TL Thymianblättchen
1 Scheibe Vollkorntoast
1 Obst für *0 Points* (z. B. Ananas)

❶ Die Salatblätter putzen, waschen und trockenschleudern. Die Tomaten waschen, halbieren, vom Strunk befreien und mit dem Salat auf einem Teller anrichten.

❷ Aceto balsamico, 1 TL Öl, Senf, saure Sahne, Orangensaft, Salz und Pfeffer zu einem cremigen Dressing verrühren.

❸ Die Frühlingszwiebeln waschen, putzen und in kleine Würfel schneiden. Die Lebern bzw. das Geflügelfilet trockentupfen und in feine Streifen schneiden.

❹ Das restliche Öl in einer Pfanne erhitzen und die Zwiebeln darin andünsten. Die Leber- bzw. Filetstreifen zugeben und rundum braten. Mit Salz, Pfeffer und den Thymianblättchen kräftig würzen.

❺ Die Leber-Zwiebel-Mischung auf dem Salat verteilen und mit dem Dressing beträufeln. Mit Toast und dem Obst als Dessert servieren.

TIPP

SALAT AUFBEWAHREN

Grundsätzlich gilt: Je zarter der Salat, umso schneller sollten Sie ihn verarbeiten. Feldsalat hält sich dementsprechend bis zu zwei, Blattsalate wie etwa Lollo rosso und Eichblattsalat bis zu fünf und Eisbergsalat bis zu 10 Tage im Gemüsefach Ihres Kühlschranks, wenn sie vorher in Frischhaltefolie eingeschlagen werden.

Erste Woche

Hauptmahlzeit
Bratkartoffeln mit Pilzragout

4 Kartoffeln
250 g frische Mischpilze
   (ersatzweise TK)
1 große Zwiebel
1 Knoblauchzehe
30 g Schnittkäse (30 % Fett i. Tr.)
Salz, frisch gemahlener Pfeffer
125 ml Milch (1,5 % Fett)
1 TL Mehl
1/4 TL Currypulver
2 TL gehackte Petersilie
Worcestersauce
2 Scheiben Lachsschinken
1 TL Pflanzenöl
1 TL Paprikapulver
1 EL saure Sahne

❶ Die Kartoffeln in reichlich Salzwasser garen. Abgießen und erkalten lassen. Die Pilze putzen und in feine Würfel schneiden. Zwiebel und Knoblauch schälen und fein würfeln. Den Käse klein schneiden. Eine Pfanne ohne Öl erhitzen und Pilze, Zwiebel und Knoblauch darin mit 2 EL Wasser andünsten. Salzen, pfeffern und mit Milch ablöschen. Käse unterrühren.

❷ Das Mehl mit 2 EL Wasser glatt rühren, unter die Pilze mengen, aufkochen und unter Rühren eindicken. Mit Curry, Petersilie und etwas Worcestersauce abschmecken.

❸ Die Kartoffeln pellen, in Scheiben schneiden, den Schinken würfeln und beides im heißen Öl braten. Salzen, pfeffern und mit Paprika bestreuen. Mit den Pilzen anrichten und mit einem Klecks saurer Sahne garnieren.

TK-GEMÜSE – BESSER ALS SEIN RUF

Bereits kurz nach der Ernte beginnt es: Das frische Gemüse verliert mehr und mehr Inhalts- und Nährstoffe. Je länger es bis zur Verarbeitung gelagert wird, umso weniger wertvoll ist es also für uns. Da gutes Tiefkühlgemüse sofort nach der Ernte verarbeitet und gefrostet wird, bleiben in ihm häufig mehr Inhaltsstoffe erhalten als im vermeintlich frischen Supermarkt-Gemüse.

Deftiges als Highlight des Tages: Bratkartoffeln mit Pilzragout.

TIPP
AUF DIE PLÄTZE …

Haben Sie mit Ihrem neuen, »bewegteren« Leben schon begonnen? Wenn nicht, dann legen Sie gleich heute los – die besten Tipps und Übungen finden Sie ab Seite 92.

Auf die Plätze ... Tag 5

Fix etwas Leckeres? Dann liegen Sie mit dem Tortellini-Salat goldrichtig.

Frühstück
Paprika-Schinken-Brot
zu Himbeer-Buttermilch

1 Scheibe Vollkornbrot (60 g)
2 EL Kräuter-Frischkäse (30 % Fett i. Tr.)
2 Scheiben Lachsschinken
½ rote Paprikaschote
100 g Himbeeren (frisch oder TK)
250 ml Buttermilch
flüssiger Süßstoff

1 Das Brot mit Frischkäse bestreichen und mit dem Schinken belegen. Die Paprika von Samen und Scheidewänden befreien, waschen und in feine Streifen schneiden. Fächerförmig auf dem Schinken anrichten.

2 Die Himbeeren auftauen lassen und mit der Buttermilch pürieren. Nach Belieben mit Süßstoff abschmecken.

Leichte Mahlzeit
Schneller Tortellini-Salat

½ rote Paprikaschote
1 Scheibe magerer gekochter Schinken
1 Frühlingszwiebel
180 g gegarte Tortellini
2 EL Erbsen (aus der Dose)
4 TL Mayonnaise (20 % Fett)
60 g Joghurt (1,5 % Fett)
1–2 EL milder Weißweinessig

Erste Woche

Salz, frisch gemahlener Pfeffer
5 Basilikumblättchen
1 Obst für 0 Points (z. B. Himbeeren)

1 Die Paprika von Samen und Scheidewänden befreien, waschen und wie den Schinken fein würfeln. Die Zwiebel waschen, putzen und in Ringe schneiden. Paprika, Schinken und Zwiebelringe in einer Schüssel mit Tortellini, Erbsen, Mayonnaise und Joghurt vermengen.

2 Den Salat mit Essig, Salz, Pfeffer und in Streifen geschnittenem Basilikum würzen. Dazu das Obst genießen.

> **TIPP — FETTARME ALTERNATIVEN**
> Ziehen Sie Tortellini mit Käsefüllung solchen mit Fleischfüllung vor, da sie weniger Fett enthalten. Sie brauchen einen Partysalat? Dann vervierfachen Sie doch einfach die Menge und schlemmen Sie ohne schlechtes Gewissen auf der Party mit.

Hauptmahlzeit
Russischer Hackfleischtopf

250 g Kartoffeln
Salz
1 kleine Zwiebel
1 kleine Stange Lauch
1 rote Paprikaschote
1 TL Pflanzenöl
120 g Tatar

2 EL passierte Tomaten (Fertigprodukt)
125 ml Gemüsebrühe (Instant)
$1/2$ TL Senf
1 TL edelsüßes Paprikapulver
frisch gemahlener Pfeffer
1 EL saure Sahne
250 ml Buttermilch

1 Die Kartoffeln waschen und in wenig Salzwasser garen. Inzwischen die Zwiebel schälen und würfeln. Den Lauch putzen, waschen und in Ringe schneiden. Die Paprika von Samen und Scheidewänden befreien, waschen und klein würfeln.

2 Das Öl in einer Pfanne erhitzen und die Zwiebelwürfel darin glasig dünsten. Das Tatar zugeben und anbraten. Lauch, Paprika, Tomaten und die Gemüsebrühe zugeben und mitschmoren. Die Hackfleisch-Gemüse-Mischung mit Senf, Paprikapulver, Salz und Pfeffer kräftig würzen.

3 Bei geöffnetem Topfdeckel und schwacher Hitze ca. 15 Minuten köcheln lassen, dabei häufig umrühren. Die saure Sahne kurz vor dem Servieren unterrühren. Mit den Kartoffeln auf einem Teller anrichten und mit der Buttermilch als Getränk servieren.

> **TIPP — VORRAT ANLEGEN**
> Verdoppeln Sie die Zutaten und frieren Sie eine Portion ein – so haben Sie bei Hunger auf etwas Deftiges schnell ein »points-armes« Gericht auf Lager.

Power pur aus dem Mixer: Himbeer-Buttermilch.

Auf die Plätze ... Tag 6

Obstquark mit Cornflakes und Nüssen – macht satt und glücklich!

Frühstück
Obstquark mit Cornflakes und Nüssen

250 g Magerquark
3 EL Mineralwasser
1 TL Vanillezucker
Süßstoff
1 kleiner Apfel
1 Orange
100 g Beeren (frisch oder TK)
1 kleine Tasse Cornflakes (20 g)
1 TL gehackte Nüsse (z. B. Haselnüsse)

❶ Den Quark mit dem Mineralwasser glatt rühren und mit Vanillezucker und Süßstoff süßen. Den Apfel waschen, vom Kerngehäuse befreien und würfeln, die Orange schälen und in mundgerechte Stücke schneiden.

❷ Apfel, Orange, Beeren unter den Quark heben, mit Cornflakes und Nüssen bestreuen.

Leichte Mahlzeit
Schichtsalat mit Thunfischsauce

1 kleine Stange Lauch
Salz
1 Hand voll Blattsalat
2 Tomaten
1/4 Salatgurke
1 gekochtes Ei
1 Scheibe geräucherte Geflügelbrust
1/2 Knoblauchzehe
2 EL Thunfisch im eigenen Saft (aus der Dose)
4 TL Mayonnaise (20 % Fett)
1 EL Zitronensaft
60 g Joghurt (1,5 % Fett)
frisch gemahlener Pfeffer
1 TL Kapern
1 Obst für 0 Points (z. B. Tangerine)

❶ Den Lauch waschen, putzen, in Ringe schneiden und in kochendem Salzwasser ca. 2 Minuten blanchieren. Abtropfen und auskühlen lassen.

❷ Den Salat putzen, waschen und trockenschleudern. Die Tomaten waschen und vom Strunk befreien, die Gurke schälen, das Ei

Erste Woche

pellen. Tomaten, Gurke und Ei in Scheiben, Salat und Geflügelbrust in Streifen schneiden.

❸ Den Knoblauch schälen, hacken und mit Thunfisch, Mayonnaise, Zitronensaft und Joghurt zu einer cremigen Sauce pürieren. Salzen, pfeffern und die Kapern unterheben.

❹ Die Salatzutaten nacheinander in eine Glasschüssel schichten und vollständig mit Sauce bedecken. 2 Stunden ziehen lassen. Das Obst als Nachtisch genießen.

> **TIPP**
> **IDEAL FÜR UNTERWEGS**
> Ein toller Salat zum Mitnehmen an den Arbeitsplatz: Dafür nicht in eine Glas-, sondern eine verschließbare Plastikschüssel schichten – und los geht's.

Hauptmahlzeit
Buntes Gulasch
mit Rosmarin-Käse-Kartoffeln

3 kleine Kartoffeln
Salz
½ TL Rosmarinnadeln
2 EL frisch geriebener Parmesan
150 g mageres Schweinefleisch
1 kleine Zwiebel
4 Champignons
2 Möhren
150 g Brokkoli
1 TL Pflanzenöl
125 ml Gemüsebrühe (Instant)
Salz, frisch gemahlener Pfeffer
1 TL dunkler Saucenbinder
1 TL saure Sahne

❶ Kartoffeln waschen, halbieren und in Salzwasser garen. Abgießen und abtropfen lassen. Den Backofen auf 180° vorheizen. Die Kartoffeln mit der Schnittfläche nach oben auf ein mit Backpapier ausgelegtes Backblech legen, salzen und mit Rosmarin und Käse bestreuen. Im Backofen (Mitte, Umluft 160°) ca. 15 Minuten überbacken.

❷ Inzwischen das Fleisch trockentupfen und in mundgerechte Würfel schneiden. Die Zwiebel schälen, Champignons und Möhren putzen und alles fein würfeln. Den Brokkoli putzen, waschen und in mundgerechte Röschen teilen.

❸ Das Öl in einem Topf erhitzen und Fleisch, Zwiebel und Champignons darin anbraten. Mit Brühe ablöschen. Möhren und Brokkoli zugeben und 15 Minuten garen. Salzen, pfeffern und mit dem Saucenbinder eindicken. Kurz vor dem Servieren die Sahne unterrühren und mit den Kartoffeln anrichten.

> **KALZIUM-LIEFERANTEN**
> Kalzium ist ein wichtiger Knochenbaustein, der nicht nur in Milch und Milchprodukten, sondern auch in Hülsenfrüchten, Nüssen sowie in grünem Blattgemüse vorkommt. Deshalb sollten auch Grünkohl, Lauch oder Fenchel auf Ihrem Speiseplan stehen.

37

Auf die Plätze ... Tag 7

Frühstück

Milchkaffee mit süßem Brötchen

125 ml Milch (1,5 % Fett)
150 ml frisch gebrühter Kaffee
1 Brötchen
2 EL Frischkäse (30 % Fett i. Tr.)
2 TL Honig
125 g extraleichter Fruchtjoghurt (bis 0,4 % Fett)
1 Obst für 0 Points (z. B. gemischte Beeren)

❶ Milch erhitzen, aufschäumen und mit dem Milchschaum auf den heißen Kaffee geben.

❷ Das Brötchen mit Frischkäse bestreichen und den Honig darauf verteilen. Dazu den Fruchtjoghurt und das Obst genießen, nach Belieben das Obst vorbereiten, zerkleinern und unter den Joghurt mischen.

Leichte Mahlzeit

Kartoffel-Mais-Salat
mit Forellenfilet

250 g Kartoffeln, Salz
je 1/2 Bund Petersilie, Dill und Schnittlauch
2 Frühlingszwiebeln
2 Gewürzgurken
2 EL Mais (aus der Dose)
125 ml warme Gemüsebrühe (Instant)
40 ml Essig, 1 TL Pflanzenöl
frisch gemahlener Pfeffer
60 g geräuchertes Forellenfilet
1 kleine Banane

❶ Die Kartoffeln waschen und in reichlich Salzwasser garen. Abgießen, ausdampfen lassen und pellen. In Scheiben schneiden.

❷ Inzwischen die Kräuter abbrausen, trockentupfen, die Blättchen abzupfen und klein hacken, den Schnittlauch in feine Röllchen schneiden. Die Frühlingszwiebeln waschen, putzen und in Röllchen, die Gurken in Würfel schneiden. Kräuter, Frühlingszwiebeln und Gurken mit dem Mais mischen.

❸ Die warme Gemüsebrühe mit Essig, Öl, Pfeffer und Salz mischen und über den Salat geben. Mit dem Filet auf einem Teller anrichten. Als Dessert die Banane genießen.

> **TIPP — ALL-IN-ONE-VARIANTE**
>
> Einen praktischen »All-in-one«-Salat zum Mitnehmen erhalten Sie, wenn Sie die Forelle in Stücke teilen und unter den Salat mischen. Eignet sich auch super als Mitbringsalat bei Einladungen!

Hauptmahlzeit

Gemüse-Pfanne mit Krabben

150 g Blumenkohl
1 Möhre
125 ml Gemüsebrühe (Instant)
1 Zwiebel

Erste Woche

Auch etwas für Gäste: Gemüsepfanne mit Krabben.

1 kleines Stück frischer Ingwer (3 cm)
1 TL Pflanzenöl
75 g Krabben
2 EL Erbsen (aus der Dose)
Salz, frisch gemahlener Pfeffer
2 TL gehackte Petersilie
4 EL gegarter Reis
250 g extraleichter Fruchtjoghurt
   (bis 0,4 % Fett)

❶ Blumenkohl und Möhre putzen, in mundgerechte Stücke teilen und in der heißen Brühe ca. 10 Minuten dünsten. Zwiebel und Ingwer schälen, beides fein würfeln und im heißen Öl glasig dünsten. Krabben und Erbsen abtropfen lassen und kurz mitbraten.

❷ Blumenkohl und Möhre abgießen, kurz abtropfen lassen und unter den Pfanneninhalt mischen. Mit Salz und Pfeffer abschmecken und mit gehackter Petersilie bestreuen. Dazu den Reis servieren. Als Dessert den Fruchtjoghurt genießen.

TIPP: NOCH FLEXIBLER WERDEN

Die erste Woche ist geschafft! Sie sind erfolgreich eingestiegen. Wenn Sie die ganze Flexibilität des Weight Watchers Konzepts kennen lernen wollen, können Sie jederzeit bei einem Weight Watchers Treffen reinschnuppern.

Power pur! Tag 1

Frühstück
Pfiffiger Käse-Salat
mit Knäckebrot

100 g Mangofruchtfleisch
1 Kiwi
45 g Käse (30 % Fett i. Tr.)
50 g Beeren (frisch oder TK)
1 EL Zitronensaft
1 EL Orangensaft
1 TL Zucker
2 Scheiben Vollkornknäckebrot

❶ Mango und Kiwi schälen. Das Mangofruchtfleisch rund um den Stein abschneiden und beide Früchte würfeln. Den Käse bei Bedarf entrinden, würfeln und mit Mango und Kiwi sowie den Beeren mischen.

❷ Mit Zitronen-, Orangensaft und Zucker abschmecken. Dazu das Knäckebrot knuspern.

Leichte Mahlzeit
Gratinierte Pilz-Toasts
mit Schafkäse

1 kleine Zwiebel
250 g Champignons
1 TL Pflanzenöl
1 EL Schmand
Salz, frisch gemahlener Pfeffer
2 Scheiben Vollkorntoast

> **TIPP – GEMÜSE-VARIATIONEN**
> Sie können das Gemüse variieren, sollten dabei aber nur solche Sorten wählen, die relativ schnell gar sind. Geeignet sind beispielsweise Zucchini, Paprika, Lauch, Tomaten oder Blattspinat, der auch aus der Tiefkühltruhe kommen kann.

30 g Schafkäse
1 Obst für 0 Points (z. B. Ananas)

❶ Die Zwiebel schälen und würfeln, die Pilze putzen und je nach Größe halbieren oder vierteln. Das Öl in einer Pfanne erhitzen und die Zwiebelwürfel darin glasig dünsten. Die Pilze zufügen und mitdünsten. Den Schmand unterrühren und mit Salz und Pfeffer würzen.

❷ Inzwischen das Brot toasten und die Zwiebel-Pilz-Mischung darauf verteilen. Den Schafkäse zerbröckeln und darüber streuen. Unter dem Grill im Backofen kurz überbacken. Dazu das Obst servieren.

Hauptmahlzeit
Tatar-Muffins mit Brokkoli

Zutaten für 12 Muffins
(3 davon für diese Hauptmahlzeit):
1 TL Pflanzenöl
1 Zwiebel
1 Knoblauchzehe
1 kleine rote Paprikaschote
100 g Champignons

> **TIPP – EINFRIEREN ERLAUBT!**
> Frieren Sie die restlichen Tatar-Muffins ein oder laden Sie Freunde oder die Familie zum Mitessen ein.

Zweite Woche

1 Bund Petersilie
100 g Mozzarella
2 Eier
420 g Tatar
50 g Paniermehl
Salz, frisch gemahlener Pfeffer
1 Msp. Chilipulver
1 TL Senf
Für die Beilage:
250 g Brokkoliröschen
Salz
2 TL Halbfettmargarine
2 EL gegarter Reis

❶ Den Backofen auf 190° vorheizen und ein Muffinblech gut mit dem Öl einfetten. Zwiebel und Knoblauch schälen und fein würfeln. Die Paprika von Samen und Scheidewänden befreien, die Pilze putzen und beides in Würfel schneiden. Die Petersilie waschen, trockenschleudern, die Blättchen abzupfen und fein hacken. Mozzarella in Stücke schneiden.

❷ Die Eier in eine Schüssel aufschlagen und mit Tatar, Paniermehl, Salz, Pfeffer, Chilipulver, Senf und gehackter Petersilie verrühren. Zwiebel, Knoblauch, Paprika, Pilze und Mozzarella gründlich untermengen.

❸ Die Masse in die Vertiefungen der Muffinform füllen und im vorgeheizten Ofen 20 bis 25 Minuten backen. Inzwischen den Brokkoli waschen, abtropfen lassen und in wenig Salzwasser knackig garen. Abgießen, abschrecken und mit etwas Margarine verfeinern. Nach Belieben salzen und mit 3 Muffins sowie dem Reis auf einem Teller anrichten.

Mit den Tatar-Muffins kann man sich so richtig satt essen.

Power pur! Tag 2

Krosse Köstlichkeit:
Zucchinipuffer mit Salat.

TIPP

OBST SATT!
Mit diesem Müsli wird die Forderung »Fünf am Tag« zum Kinderspiel: Mit Mango, Banane und Kokosraspel haben Sie bereits drei der fünf geforderten Obstsorten abgehakt – und dabei noch richtig geschlemmt!

Frühstück

Mango-Bananen-Müsli
mit Kokosnuss

50 g Mangofruchtfleisch
1 kleine Banane
2 EL Haferflocken
1 TL Kokosnussraspel
1/4 l Magermilch (0,3 % Fett)
1 TL Honig

❶ Mango und Banane schälen, das Mangofruchtfleisch rund um den Stein abschneiden. Das Obst würfeln und mit Haferflocken, Kokosraspel, Milch und Honig vermengen.

Leichte Mahlzeit

Zucchinipuffer mit Salat

2 mittelgroße Kartoffeln
1 kleine Zwiebel
150 g Zucchini
1/2 Knoblauchzehe
1 Ei
Salz
frisch gemahlener Pfeffer
2 TL Pflanzenöl
3 Möhren
1 kleiner Apfel
1 EL gehackte Petersilie
Zitronensaft

Zweite Woche

❶ Kartoffeln, Zwiebel und Zucchini schälen bzw. putzen und in eine Schüssel reiben. Den Knoblauch schälen und dazudrücken. Das Ei hinzufügen und unter das Gemüse mengen. Kräftig salzen und pfeffern.

❷ Das Öl in einer Pfanne erhitzen. Aus der Masse kleine Puffer formen und goldgelb ausbraten. Warm halten.

❸ Für den Salat die Möhren und den Apfel waschen, putzen, fein raspeln und mit Petersilie, Salz und Zitronensaft pikant abschmecken. Den Salat mit den Puffern auf Tellern anrichten und servieren.

Hauptmahlzeit
Fusilli »mediterran«

1 Zwiebel
2 Knoblauchzehen
je 1 kleine rote und gelbe Paprikaschote
4 entsteinte schwarze Oliven
1 TL Pflanzenöl
1 kleine Dose Tomaten
   (240 g Abtropfgewicht)
Salz, 1 Msp. Chilipulver
1 TL Oreganoblättchen
40 g Fusilli (Spiralnudeln)
30 g Schafkäse

❶ Zwiebel und Knoblauchzehen schälen und würfeln. Die Paprika putzen, von Samen und Scheidewänden befreien und klein schneiden. Die Oliven sehr fein hacken.

❷ Das Öl erhitzen und Zwiebel- und Knoblauchwürfel darin andünsten. Die Paprikaschoten hinzufügen und ca. 5 Minuten mitdünsten.

❸ Inzwischen die Tomaten in einem Sieb abtropfen lassen, ebenfalls in die Pfanne geben und alles mit Salz, Chili und Oregano würzen. Die Oliven untermengen und die Sauce etwas einköcheln lassen.

❹ In einem Topf reichlich Salzwasser aufkochen und die Nudeln darin nach Packungsanweisung garen. Abgießen und sofort unter die Sauce mischen. Den Schafkäse darüber bröckeln und servieren.

JODMANGEL VORBEUGEN

Wussten Sie, dass es mit der Jodversorgung in Deutschland generell schlecht bestellt ist? Um Ihre Versorgung mit diesem Mineralstoff zu sichern, sollten Sie Ihre Gerichte ausschließlich mit Jodsalz zubereiten und zusätzlich darauf achten, immer wieder jodhaltige Lebensmittel wie etwa Seefisch oder Brokkoli in Ihren Speiseplan einzubauen.

Power pur! Tag 3

TIPP

TAUSCH-GESCHÄFT

Dieses süße Frühstück können Sie auch als leichte Mahlzeit genießen. Dann belegen Sie die Crêpes neben den Obstwürfeln für *0 Points* zusätzlich noch mit einer kleinen, in mundgerechte Stücke geschnittenen Banane.

Frühstück
Obst-Crêpes

4 EL Mehl
1 Eigelb
1/4 l Magermilch (0,3 % Fett)
Süßstoff nach Belieben
1 Prise Zimt
2 Stück Obst für 0 Points (z. B. Kiwi und Melone)
2 TL Fruchtaufstrich
1 TL Kakaopulver (Instant mit Zucker)

1 Das Mehl mit dem Eigelb verrühren und nach und nach unter Rühren die Hälfte der Milch unterschlagen. Mit Süßstoff und Zimt würzen und ca. 10 Minuten quellen lassen. Inzwischen das Obst putzen bzw. waschen und in mundgerechte Stücke schneiden.

2 In einer beschichteten Pfanne ohne Öl 2 dünne Crêpes ausbacken. Dafür wenig Teig in die Pfanne geben und diese so lange schwenken, bis der Teig hauchdünn verlaufen ist. Hellbraune Crêpes ausbacken und jeweils mit 1 TL Fruchtaufstrich bestreichen.

3 Die Crêpes mit den Obstwürfeln belegen und zu Tüten falten. Die restliche Milch nach Belieben erwärmen, aufschäumen und mit dem Kakaopulver zu einem cremigen Kakao verrühren. Zu den Crêpes genießen.

Leichte Mahlzeit
Griechisches Fladenbrot

3 Salatblätter
2 Tomaten
2 entsteinte schwarze Oliven
50 g Salatgurke
60 g Joghurt (1,5 % Fett)
30 g Schafkäse
1/2 Knoblauchzehe
Salz, frisch gemahlener Pfeffer
60 g Fladenbrot
1 Obst für 0 Points (z. B. Mandarine)

1 Salat und Tomaten waschen. Den Salat trockenschleudern und in Streifen, die Tomaten in Scheiben schneiden. Die Oliven halbieren, die Gurke waschen und raspeln.

2 Die Gurkenraspel mit Joghurt und zerbröckeltem Schafkäse zu einer Creme verrühren, den Knoblauch schälen und dazupressen. Salzen und pfeffern.

3 Das Fladenbrot aufschneiden, beide Hälften mit der Creme bestreichen und mit Salat, Tomaten und Oliven belegen. Dazu das Obst genießen.

TIPP

SNACKEN NICHT VERGESSEN!

Snacken ist auch in der Powerwoche kein Problem! 2 Snacks pro Tag sind eingeplant und sollten auch genossen werden. Ideen und Tipps dazu finden Sie ab Seite 82.

Zweite Woche

Perfekt zum Mitnehmen ins Büro: Griechisches Fladenbrot.

Hauptmahlzeit
Bohneneintopf mit Cabanossi

1 kleine Zwiebel
1 Knoblauchzehe
1 mittelgroße Kartoffel
1 TL Pflanzenöl
1/2 TL Majoran
1 kleine Dose Tomaten (240 g Abtropfgewicht)
100 ml Gemüsebrühe (Instant)
1 Stange Lauch
30 g Cabanossi (ersatzweise Mettwürstchen)
2 EL weiße Bohnenkerne (aus der Dose)
2 EL Kidneybohnen (aus der Dose)
Salz, frisch gemahlener Pfeffer

❶ Zwiebel, Knoblauch und Kartoffel schälen. Zwiebel und Knoblauch in feine, die Kartoffel in grobe Würfel schneiden. Das Öl erhitzen und die Würfel darin anbraten. Den Majoran einstreuen und kurz mitdünsten.

❷ Die Tomaten abtropfen, zerkleinern, mit der Gemüsebrühe zugeben. Aufkochen und ca. 10 Minuten köcheln lassen.

❸ Den Lauch waschen, putzen und in Ringe, die Wurst in Scheiben schneiden. Beide Bohnensorten abtropfen lassen, mit dem Lauch und der Wurst zum Eintopf geben. Aufkochen und weitere 10 Minuten garen. Vor dem Servieren salzen und pfeffern.

> **TIPP**
> **VORRÄTE ANLEGEN**
> Sie haben nicht immer Lust auf Kochen? Dann verdoppeln Sie doch einfach die Menge und frieren eine Portion ein.

Power pur! Tag 4

Geflügel-Käse-Sandwich: Leichter und leckerer Genuss am Morgen.

Frühstück
Geflügel-Käse-Sandwich

1 Salatblatt
1 Möhre
2 Scheiben Vollkorntoast
1 TL Halbfettmargarine
1 Scheibe geräucherte Putenbrust
1 Scheibe Käse (30 % Fett i. Tr., ca. 30 g)
1 Obst für *0 Points* (z. B. Aprikose)

❶ Den Salat waschen, bei Bedarf putzen und trockentupfen. Die Möhre waschen, putzen und grob in eine Schüssel raspeln.

❷ Eine der Toastscheiben mit der Margarine bestreichen, mit dem Salatblatt, der Putenbrust, dem Käse und den Möhrenraspeln belegen und mit dem zweiten Toast abdecken. Dazu das frische Obst genießen.

Leichte Mahlzeit
Tomaten-Basilikum-Suppe
mit Krabben

6 Tomaten
1 Zwiebel
1 Knoblauchzehe
1 TL Pflanzenöl
1 EL gehacktes Basilikum
1 EL gehackte Petersilie
150 ml Gemüsebrühe (Instant)
1 EL Schmand
100 g gegarte geschälte Garnelen (TK oder in Salzlake)
1 EL Tomatenmark
Salz, frisch gemahlener Pfeffer
1 Brötchen
1 Obst für *0 Points* (z. B. Guave)

❶ Die Tomaten überbrühen, häuten und das Fruchtfleisch würfeln. Zwiebel und Knoblauch schälen, fein würfeln und im heißen Öl glasig dünsten. Die Tomaten in die Pfanne geben und 1 Minute mitdünsten.

❷ Die Kräuter hinzufügen, mit Brühe aufgießen und aufkochen. Bei geringer Hitze 25 Minuten garen, bis die Tomaten zerfallen sind.

Zweite Woche

❸ Schmand, Garnelen und Tomatenmark hinzufügen und die Suppe mit Salz und Pfeffer abschmecken. Mit dem Brötchen und dem Obst anrichten und servieren.

Hauptmahlzeit
Kartoffel-Pizza

5 Kartoffeln
1 große Zwiebel
1 Eigelb
100 g Brokkoliröschen, Salz
2 Tomaten
einige Scheiben Salatgurke
45 g Mozzarella
frisch gemahlener Pfeffer
1 TL Oregano
1/4 Kopf Blattsalat (z. B. Kopfsalat, Eichblattsalat)
1 TL Pflanzenöl
2 EL Wasser
1/2 Päckchen »Fix für Salatsauce«
Außerdem:
Backpapier für die Form

❶ Den Backofen auf 180° vorheizen. Kartoffeln und Zwiebel schälen, grob raspeln und mit dem Eigelb zu einem Teig verrühren. Den Boden einer Springform mit Backpapier auslegen. Darin den Kartoffelteig verteilen und glatt streichen. Im vorgeheizten Ofen (Mitte, Umluft 165°) ca. 30 Minuten vorbacken.

❷ Inzwischen den Brokkoli in Salzwasser bissfest garen, abgießen und abtropfen lassen. Die Tomaten waschen, vom Strunk befreien und würfeln. Die Gurke schälen und in feine Stifte schneiden. Den Mozzarella abtropfen lassen und würfeln.

❸ Den vorgebackenen Teig mit Gemüse und Mozzarella belegen, mit Salz, Peffer und Oregano würzen. Die Temperatur auf 200° (Umluft 180°) hochschalten und die Pizza in ca. 20 Minuten fertig backen.

❹ Den Salat waschen, trockenschleudern und zerrupfen. Aus den restlichen Zutaten ein Dressing rühren, über den Salat geben und diesen zur Pizza servieren.

TIPP
BEWUSST KOCHEN
Mozzarella lässt sich gut reiben, wenn er vorher kurz im Gefrierfach angefroren wird. Der Vorteil: Fein gerieben kann man den Käse sparsamer verteilen.

MIT DER HAUT GENIESSEN
Sie sind allein zu Hause, der Kühlschrank ist voll und Sie sind kurz davor, sich aus lauter Langeweile über den Kühlschrankinhalt herzumachen? Wie wäre es, sich mit den Lebensmitteln ausnahmsweise nicht innerlich, sondern äußerlich etwas Gutes zu tun? Möglichkeiten gibt es hierbei viele – von der Augenkompresse bis hin zum Vollbad.
Für ein entspannendes, wunderbar duftendes Bad beispielsweise geben Sie 2 Tropfen Neroli-, 5 Tropfen Lavendel-, 1 Tropfen Zeder- und 2 Tropfen Sandelholzöl in 1/2 Becher Sahne. Diese Mischung in ein Vollbad geben und 20 Minuten darin entspannen. So macht Sahne garantiert nicht dick!

Power pur! Tag 5

Frühstück

Joghurt-Obst-Schale
mit Feigen

1 kleine Banane
1 Orange
2 Feigen (frisch oder getrocknet)
250 g Joghurt (1,5 % Fett)
2 EL Müsli ohne Zucker
1 TL Honig

❶ Banane und Orange schälen, das Fruchtfleisch in Würfel schneiden. Den Stielansatz und den Boden der frischen Feigen knapp abschneiden, die Schale in Streifen abschälen und das Fleisch ebenfalls würfeln. Trockenfeigen mit der Schale klein schneiden.

❷ Das Obst mit dem Joghurt, dem Müsli und dem Honig vermischen.

Leichte Mahlzeit

überbackene Mozzarella-Gemüse-Brote

6 Frühlingszwiebeln
Salz
1 Tomate
50 g Mozzarella
2 Scheiben Vollkorntoast
2 TL Halbfettmargarine
1 EL Tomatenmark
$1/2$ TL Oreganoblättchen
frisch gemahlener Pfeffer
$1/2$ TL Basilikumblätter
1 Obst für 0 Points (z. B. Birne)

❶ Die Zwiebeln putzen, waschen und in 5 cm lange Stücke schneiden. Salzwasser aufkochen und die Zwiebelstücke kurz darin blanchieren. Abgießen und abtropfen lassen. Die Tomate waschen, vom Strunk befreien und ebenso wie den Mozzarella in Scheiben schneiden.

❷ Den Toast rösten, jede Scheibe mit 1 TL Margarine und dem Tomatenmark bestreichen. Mit Oregano bestreuen und mit Frühlingszwiebeln und Tomaten belegen. Salzen, pfeffern und den Mozzarella darauf verteilen. Unter den Grill stellen, bis der Käse zerlaufen ist. Mit dem Basilikum und dem Obst anrichten.

TIPP

AUS VOLLEM KORN

Wählen Sie bei Brot, Brötchen, Toast, Knäckebrot, Nudeln und Reis möglichst immer die Vollkornvariante – diese Produkte sind ballaststoff- und nährstoffreicher als solche aus Weißmehl und machen deshalb länger satt.

SO EIN KÄSE!

Wussten Sie, dass man Käsesorten statt mithilfe der Angabe »Fett in der Trockenmasse« (Fett i. Tr.) auch anhand der Fettgehaltsstufen unterscheiden kann?

unter 10 % Fett i. Tr.	Magerstufe
mind. 10 % Fett i. Tr.	Viertelfettstufe
mind. 20–25 % Fett i. Tr.	Halbfettstufe
mind. 30 % Fett i. Tr.	Dreiviertelfettstufe
mind. 40 % Fett i. Tr.	Fettstufe
mind. 45 % Fett i. Tr.	Vollfettstufe
mind. 50 % Fett i. Tr.	Rahmstufe
60–87 % Fett i. Tr.	Doppelrahmstufe

Zweite Woche

Genial kombiniert:
Fisch-Gemüse-Auflauf.

TIPP
FISCH RICHTIG AUFTAUEN

Sie hatten keine Zeit, frischen Fisch einzukaufen und müssen auf TK-Filet zurückgreifen? Dann sollten Sie den gefrorenen Fisch auf einen Siebeinsatz legen und in einem verschließbaren Behälter – am besten über Nacht – im Kühlschrank auftauen lassen.

Hauptmahlzeit
Fisch-Gemüse-Auflauf

300 g Kartoffeln
Salz
1 Zwiebel
1 TL Pflanzenöl
½ TL Senf
1 Spritzer Worcestersauce
frisch gemahlener Pfeffer
150 g Seelachsfilet
2 Tomaten
150 g Champignons
30 g geriebener Käse (bis 32 % Fett i. Tr.)

1 Kartoffeln waschen und in Salzwasser garen. Abgießen, ausdampfen lassen und pellen.

2 Inzwischen die Zwiebel schälen und würfeln. Das Öl mit dem Senf, der Worcestersauce, der Zwiebel, Salz und Pfeffer zu einer Marinade verrühren. Den Fisch in eine Auflaufform legen und damit beträufeln. Kurz ziehen lassen. Den Backofen auf 175° vorheizen.

3 Die Tomaten waschen, die Pilze putzen und beides in Scheiben schneiden. Über dem Fisch verteilen, salzen, pfeffern und mit dem Käse bestreuen. Im vorgeheizten Ofen bei 175° (Mitte, Umluft 160°) in 35–40 Minuten überbacken. Mit den Kartoffeln anrichten.

Power pur! Tag 6

Mit Nudelsalat abnehmen? Ja, ja, ja! Das beste Beispiel dafür ist dieser Fruchtige Nudelsalat mit Thunfisch.

Frühstück
Schoko-Brötchen mit Beerenmilch

1 Brötchen
2 EL Frischkäse (30 % Fett i. Tr.)
1 TL Nuss-Nougat-Creme
250 ml Magermilch (0,3 % Fett)
100 g Beeren (frisch oder TK)
1 TL Zucker

❶ Das Brötchen halbieren und mit Frischkäse und Nougatcreme bestreichen.

❷ Die Milch mit den Beeren und dem Zucker pürieren und zum Schokobrötchen genießen.

Leichte Mahlzeit
Fruchtiger Nudelsalat
mit Thunfisch

40 g Hartweizennudeln (z. B. Fusilli)
Salz
2 EL Thunfisch im eigenen Saft (aus der Dose)
100 g Mandarinen (ungezuckert, aus der Dose)
$1/2$ Zwiebel
4 EL Erbsen (aus der Dose)
4 TL Mayonnaise (20 % Fett)
frisch gemahlener Pfeffer
$1/2$ TL Zitronensaft

❶ Die Nudeln in Salzwasser nach Packungsanleitung bissfest kochen. Abgießen und gut abtropfen lassen.

Zweite Woche

> **TIPP — AB IN DIE DOSE!**
> Ein super Salat fürs Büro oder als Mitbringsel für das nächste Büffet, da er sich sehr gut vorbereiten lässt. Was tun mit den restlichen 140 g Mandarinen aus der Dose? Genießen Sie diese einfach hinterher als Dessert.

❷ Inzwischen den Thunfisch abtropfen lassen, zerpflücken und mit den Mandarinen unter die abgetropften Nudeln heben.

❸ Die Zwiebel schälen und würfeln. Nudeln, Thunfisch, Mandarinen, Zwiebel und Erbsen mit der Mayonnaise vermengen, salzen, pfeffern und mit Zitronensaft abschmecken.

Hauptmahlzeit
Chili con Carne mit Paprika

1 grüne Paprikaschote
1 Zwiebel
1 TL Pflanzenöl
120 g Tatar
250 ml Gemüsebrühe (Instant)
1 EL Tomatenmark
1 Glas Tomatenpaprika (300 g Abtropfgewicht)
3 EL Kidneybohnen (aus der Dose)
2 EL Mais (aus der Dose)
1 Msp. Chilipulver
Salz
frisch gemahlener Pfeffer
250 g Fruchtjoghurt (bis 0,4 % Fett)

❶ Die Paprika halbieren, von Samen und Scheidewänden befreien, waschen und das Fruchtfleisch in Streifen schneiden. Die Zwiebel schälen und würfeln.

❷ Das Öl in einer Pfanne erhitzen und das Tatar darin anbraten. Paprika und Zwiebel zugeben und mitbraten. Die Gemüsebrühe zugießen und alles 20 Minuten garen.

❸ Tomatenmark, Tomatenpaprika ohne Flüssigkeit, Kidneybohnen und Mais zufügen. Mit Chilipulver, Salz und Pfeffer pikant abschmecken. Als Dessert den Joghurt genießen.

> **TIPP — ANANAS-LECKEREI**
> Heute schon gesnackt? Wie wäre es mit 2 Scheiben Ananas, die Sie mit 1 TL Zucker bestreuen und in 1 TL Margarine anbraten – ein karamellig-süßer Genuss!

Noch nicht genug von den karamellisierten Ananasscheiben? Für nur einen Snack-*Points* gibt's noch mehr!

Power pur! Tag 7

Frühstück

Salami-Gurken-Toast
mit Ananas-Joghurt

1 Scheibe Vollkorntoast
1 TL Halbfettmargarine
1 Scheibe Geflügelsalami
einige Scheiben Salatgurke
2 Scheiben Ananas (ungezuckert, aus der Dose)
250 g Joghurt (1,5 % Fett)

❶ Den Toast nach Belieben rösten, mit der Margarine bestreichen und dekorativ mit der Geflügelsalami und den Gurkenscheiben belegen.

❷ Die Ananasscheiben gut abtropfen lassen, in Würfel schneiden und mit dem Joghurt cremig verrühren. Zum Toast genießen.

Leichte Mahlzeit

Kartoffelsalat
mit Geflügelwurst

3 Kartoffeln
Salz
$1/2$ Zwiebel
1 kleiner Apfel
2 Gewürzgurken
40 g geräucherte Geflügelbrust
125 ml Gemüsebrühe (Instant)

TIPP **PARTY-HIT**
Sie sind während Ihrer Powerwochen zu einer Mitbring-Grillparty oder einem Picknick eingeladen, wissen aber nicht, was Sie mitbringen sollen? Dann ist dieser etwas »abgespeckte«, doch nicht minder köstliche Salat ideal.

1 TL Essig
frisch gemahlener Pfeffer
Süßstoff nach Belieben
2 EL Mais (aus der Dose)
2 EL saure Sahne
2 EL Joghurt (1,5 % Fett)
$1/2$ TL Senf
4 TL Mayonnaise (20 % Fett)
1 EL Schnittlauchröllchen

❶ Die Kartoffeln in reichlich Salzwasser garen, abgießen, ausdampfen lassen und pellen. In Scheiben schneiden. Die Zwiebel und den Apfel schälen, den Apfel vom Kerngehäuse befreien. Zwiebel und Apfel fein würfeln. Die Gewürzgurken und die Geflügelbrust ebenfalls in feine Würfel schneiden.

❷ Die Brühe mit Essig, Salz und Pfeffer aufkochen und mit dem Süßstoff süßsauer abschmecken. Den heißen Sud über die Kartoffelscheiben gießen und mit Zwiebel, Apfel, Gurken, Geflügelbrust und Mais vermengen.

❸ Die saure Sahne mit Joghurt, Senf und Mayonnaise verrühren und unter die Kartoffel-Mischung heben. Mit den Schnittlauchröllchen bestreuen.

Zweite Woche

Hauptmahlzeit

Gemüsecurry
mit Pinienkernen

1 kleine Zwiebel
2 Möhren
1 kleine rote Paprikaschote
150 g Brokkoliröschen
100 g Zucchini
2 EL Pinienkerne
1 TL Pflanzenöl
1 EL Currypulver
125 ml Gemüsebrühe (Instant)
2 Scheiben Ananas (ungezuckert, aus der Dose)
4 EL Frischkäse (30 % Fett i. Tr.)
Salz, frisch gemahlener Pfeffer
4 EL gegarter Reis

❶ Die Zwiebel schälen und würfeln. Die Möhren putzen, die Paprika von Samen und Scheidewänden befreien. Möhren und Paprika in Stifte schneiden. Die Brokkoliröschen waschen. Die Zucchini putzen, waschen und würfeln. Eine Pfanne ohne Fett erhitzen und die Pinienkerne darin rösten, bis sie zu duften beginnen. Anschließend aus der Pfanne nehmen und abkühlen lassen.

❷ Das Öl erhitzen und die Zwiebel darin anbraten. Das Currypulver darüber streuen und kurz anbraten. Möhren und Paprika zugeben, anbraten und mit Gemüsebrühe ablöschen. Aufkochen und 5 Minuten köcheln lassen.

❸ Brokkoli und Zucchini hinzufügen, den Deckel schließen und den Curry weitere 10 Minuten köcheln lassen.

❹ Inzwischen die Ananas in Stücke schneiden und mit dem Frischkäse unterrühren. Salzen, pfeffern und mit den Pinienkernen bestreuen. Mit dem Reis anrichten.

Weight Watchers Ethnofood: Gemüsecurry mit Pinienkernen.

> **TIPP**
>
> **FÜR FLEISCHFANS**
>
> Wer auf Fleisch nicht verzichten will, ergänzt den Curry um 120 g Putenfilet, das in Streifen geschnitten und mit dem Gemüse angebraten wird. Dafür fallen die gerösteten Pinienkerne weg.

Einfach weiterpowern: Tag 1

Pfannkuchen mit Asia-Gemüse-Füllung – so gut schmeckt's vegetarisch.

Frühstück
Herzhaftes Körnerbrot mit Radieschen-Quark

4 Radieschen
225 g Magerquark
Salz, frisch gemahlener Pfeffer
1 Scheibe Vollkornbrot (60 g)
1 EL Schnittlauchröllchen
100 g Beeren (frisch oder TK)
1 TL Zucker

❶ Die Radieschen waschen, putzen, fein würfeln und mit 3 EL Quark cremig verrühren. Salzen, pfeffern und auf das Brot streichen. Mit dem Schnittlauch bestreuen.

❷ Die Beeren auftauen bzw. abbrausen und mit dem restlichen Quark und dem Zucker cremig verrühren. Die Mischung zum Brot oder als Nachtisch genießen.

> **TIPP — GESUNDE ALTERNATIVEN**
> Sie mögen keine Radieschen? Dann variieren Sie den Quark mit Tomaten, Gurken oder Möhren.

Leichte Mahlzeit
Pfannkuchen mit Asia-Gemüse-Füllung

Für den Teig:
20 g Mehl
1 Ei
75 ml Wasser
Salz
frisch gemahlener Pfeffer

Für das Asia-Gemüse:
1 Frühlingszwiebel
50 g Champignons
1 Möhre
1/4 rote Paprikaschote
1 kleine Knoblauchzehe
100 g Sojasprossen
1 TL Sojasauce
1 TL China-Gewürzmischung
2 TL Pflanzenöl
1 kleine Banane

Dritte Woche

❶ Mehl, Ei, Wasser, Salz und Pfeffer zu einem glatten Teig verrühren und das Mehl 10 Minuten quellen lassen.

❷ Inzwischen Frühlingszwiebel, Champignons und Möhre putzen und in mundgerechte Stücke schneiden. Die Paprika von Samen und Scheidewänden befreien und würfeln. Den Knoblauch schälen.

❸ Eine Pfanne ohne Fett erhitzen und das Gemüse sowie die Sprossen darin anbraten, den Knoblauch dazupressen. Mit etwas Wasser ablöschen, aufkochen und mit Sojasauce, Chinagewürz und Pfeffer abschmecken.

❹ Das Öl in einer Pfanne erhitzen und aus dem Teig einen Pfannkuchen ausbacken. Auf einem Teller mit der Gemüsemischung belegen. Als Nachtisch das Obst genießen.

Hauptmahlzeit

Scharfe Kartoffeltorte

4 mittelgroße Kartoffeln
1 Zwiebel
1 Scheibe gekochter magerer Schinken
1 rote Paprikaschote
1 TL Pflanzenöl
1 Ei
125 ml Milch (1,5 % Fett)
¼ TL Chilipulver
Salz, frisch gemahlener Pfeffer
2 kleine Stangen Lauch
2 TL Schnittlauchröllchen

❶ Die Kartoffeln waschen und in Salzwasser garen. Abgießen, ausdampfen lassen, pellen und in Scheiben schneiden.

❷ Inzwischen die Zwiebel schälen und würfeln, den Schinken klein schneiden. Die Paprika von Samen und Scheidewänden befreien, waschen und ebenfalls würfeln.

❸ Den Backofen auf 180° vorheizen. Das Öl in einer Pfanne erhitzen und das vorbereitete Gemüse mit den Schinkenwürfeln darin anbraten. Die Kartoffelscheiben hinzufügen, untermengen und die Mischung in eine Springform von ca. 20 cm Durchmesser füllen.

❹ Das Ei mit der Milch verquirlen und mit Chili, Salz und Pfeffer würzen. Über die Kartoffel-Gemüse-Mischung gießen und im Backofen bei 180° (Mitte, Umluft 165°) 30 Minuten garen.

❺ Inzwischen den Lauch putzen, waschen und in wenig Salzwasser weich dünsten. Abgießen, mit Salz und Pfeffer würzen. Die Kartoffeltorte mit Schnittlauchröllchen bestreuen und mit dem Lauchgemüse auf einem Teller anrichten.

> **TIPP**
> **VEGETARISCH**
> Fleisch bzw. Schinken muss nicht sein? Dann lassen Sie den Schinken weg und überbacken Sie die Torte stattdessen mit 2 EL frisch geriebenem Parmesan.

Einfach weiterpowern: Tag 2

Frühstück
Hawaii-Sandwich

2 Scheiben Vollkorntoast
1 TL Halbfettmargarine
1 Scheibe Schnittkäse (30 % Fett i. Tr., 30 g)
1 Scheibe Ananas
1 TL Preiselbeeren (aus dem Glas)
50 g Kapstachelbeeren

1 Die Toastscheiben nach Belieben rösten. Eine Scheibe mit der Margarine bestreichen, mit Käse und Ananas belegen. In die Mitte der Ananas die Preiselbeeren setzen.

2 Die zweite Toastscheibe darauf setzen. Die Kapstachelbeeren putzen, waschen und mit dem Sandwich anrichten.

Der Klassiker auf leichte Art: Minestrone.

> **INFO**
> **KAPSTACHELBEEREN**
> Kapstachelbeeren oder Physalis sind angenehm erfrischende, köstlich schmeckende exotische Früchte. Ihre Heimat liegt ursprünglich in Südamerika, von wo aus sie Anfang des 19. Jahrhunderts nach Südafrika ans Kap der guten Hoffnung kamen, wodurch sich auch ihr Name erklärt. Vor der Verwendung den Blütenkelch, eine pergamentartige Hülle, entfernen oder einfach nach hinten umstülpen – fertig ist ein attraktives Dessert!

Leichte Mahlzeit
Minestrone

1 Möhre
2 Stangen Bleichsellerie
1 kleine Stange Lauch
1 Tomate
1 TL Pflanzenöl
4 EL weiße Bohnenkerne (aus der Dose)
200 ml Gemüsebrühe (Instant)
1 TL Tomatenmark
Salz, frisch gemahlener Pfeffer

Dritte Woche

1 TL Majoranblättchen
1 Brötchen
1 Obst für 0 Points (z. B. Birne)
125 g Joghurt (1,5 % Fett)

❶ Möhre, Sellerie und Lauch putzen, waschen und würfeln. Die Tomate waschen, vom Strunk befreien und ebenfalls klein schneiden. Das Öl in einem Topf erhitzen und das Gemüse darin andünsten. Die Bohnen abgießen, gut abtropfen lassen und unter das restliche Gemüse mischen.

❷ Die Brühe aufgießen, das Tomatenmark unterrühren, salzen und pfeffern. Weitere 10 Minuten leise köcheln lassen. In einem Suppenteller oder einer Suppenschale anrichten, mit Majoran bestreuen und mit dem in Scheiben geschnittenen Brötchen genießen.

❸ Für das Dessert das Obst waschen, putzen bzw. schälen, klein schneiden und unter den Joghurt mischen.

Hauptmahlzeit
Kartoffel-Rösti mit Räucherlachs

1 große Kartoffel
Salz
1 kleine Zwiebel
1/2 Knoblauchzehe
15 g geriebener Käse (30 % Fett i. Tr.)
frisch gemahlener Pfeffer
1 Msp. geriebene Muskatnuss
2 TL Pflanzenöl
125 g Feldsalat (ersatzweise anderer Blattsalat)
125 g Fenchel
1 EL Essig
1/2 TL Senf
60 g Räucherlachs in Scheiben

❶ Die Kartoffel schälen, grob raspeln, salzen und in einem Sieb abtropfen lassen, dabei das ablaufende Kartoffelwasser auffangen und mit der sich absetzenden Stärke anschließend in einer Schüssel wieder unter die geraspelten Kartoffeln mengen.

❷ Zwiebel und Knoblauch schälen, die Zwiebel fein würfeln und mit dem durchgepressten Knoblauch und dem geriebenen Käse unter die Kartoffelmasse heben. Mit Pfeffer und Muskat kräftig würzen.

❸ 1 TL Öl in einer Pfanne erhitzen und aus der Kartoffelmasse 1 große Rösti ausbacken; erst wenden, wenn sie am Rand kross wird. Warm stellen.

❹ Den Salat waschen, putzen und trockenschleudern. Den Fenchel putzen, fein würfeln und unter den Salat mischen. Essig, Senf, Salz, Pfeffer und restliches Öl zu einem cremigen Dressing aufschlagen und über den Salat gießen. Lachsscheiben, Rösti und Salat auf einem Teller anrichten.

> **TIPP**
> **FÜR KNOCHEN UND ZÄHNE**
> Fenchel ist sehr reich an Kalzium und trägt daher zum Aufbau von Knochen und Zähnen bei. Besonders lecker und dazu noch *pointsarm:* Fenchel und Möhren zu gleichen Teilen putzen und in wenig Gemüsebrühe dünsten – eine ideale Gemüsebeilage.

Einfach weiterpowern: Tag 3

Frühstück
Frühstücksei-Schlemmerei

1 Ei
1 Tomate
2 Scheiben Knäckebrot
1 TL Halbfettmargarine
30 g Camembert (30 % Fett i. Tr.)
½ frische Ananas

❶ Das Ei auf der stumpfen Seite anpiksen und nach Belieben in 3–4 Minuten weich, in 5–9 Minuten mittel oder in 10 Minuten hart kochen. Abgießen und abschrecken.

❷ Die Tomate waschen, vom Strunk befreien und in Scheiben schneiden. Die Knäckebrote mit Margarine bestreichen und mit Käse- und Tomatenscheiben belegen. Die Ananas vorbereiten, in Stücke schneiden und zum Ei und Brot servieren.

Leichte Mahlzeit
Chicorée-Apfel-Salat
mit Putenstreifen

1 großer Chicorée
1 kleiner Apfel
1 Orange
3 Scheiben geräucherte Putenbrust
125 g Joghurt (1,5 % Fett)
1 EL saure Sahne
1 TL Pflanzenöl
1 TL Zitronensaft

Salz, frisch gemahlener Pfeffer
etwas Süßstoff nach Belieben
1 Brötchen

❶ Den Chicorée waschen, den Strunk kegelförmig herausschneiden und entfernen. Die Blätter auseinander pflücken und in Streifen schneiden. Den Apfel waschen, vierteln, vom Kerngehäuse befreien, in Spalten schneiden.

❷ Die Orange so schälen, dass die weiße Haut ganz entfernt ist. Mit einem scharfen Messer die Filets zwischen den Häutchen heraus- und klein schneiden. Die Putenbrust in Streifen schneiden und mit Chicorée, Apfelspalten und Orangenstückchen vermengen.

❸ Den Joghurt mit Sahne, Öl, Zitronensaft, Salz, Pfeffer und Süßstoff zu einem cremigen Dressing verrühren und unter den Salat mengen. Gut durchziehen lassen und mit dem Brötchen genießen.

Hauptmahlzeit
Gefüllte Paprikaschote
mit roten Linsen

1 große gelbe Paprikaschote
25 g rote Linsen
½ TL Gemüsebrühepulver
25 g Wildreis-Mischung
Salz, 1 TL Currypulver
3 EL Frischkäse (30 % Fett i. Tr.)
1 TL Korianderblättchen
1 TL edelsüßes Paprikapulver

TIPP
BITTE NICHT SO BITTER!
Sind Ihnen die Chicoréeblätter zu bitter? Dann legen Sie diese einfach kurz in lauwarmes Wasser.

Dritte Woche

100 g Rucola (Rauke)
1 TL Pflanzenöl
1 EL Aceto balsamico
1 Prise Zucker
250 g extraleichter Fruchtjoghurt
  (bis 0,4 % Fett)

❶ Von der Paprika oben rundum einen Deckel abschneiden und abheben. Mithilfe eines Löffels die Samen und Scheidewände herauskratzen, die Paprikaschote und den Deckel waschen und abtropfen lassen.

❷ Die Linsen mit der 2,5-fachen Menge Wasser aufkochen, die Gemüsebrühe einrühren und ca. 35 Minuten köcheln lassen. Die Linsen sollten dann weich sein und zerfallen. Abgießen und abtropfen lassen.

❸ Den Reis mit der doppelten Menge Wasser, Salz und 1/2 TL Currypulver aufkochen. Bei schwacher Hitze ca. 20 Minuten ausquellen lassen. Abgießen und abtropfen lassen.

❹ Das Fruchtfleisch vom Paprikadeckel abschneiden und würfeln. Wenig Salzwasser aufkochen und die Paprikaschote sowie die Paprikawürfel darin ca. 15 Minuten dünsten. Den Backofen auf 200° vorheizen.

❺ Die Linsen mit Reis, Paprikawürfeln und 2 EL Frischkäse vermengen und mit Curry, Koriander und Paprikapulver abschmecken. Die Masse in die Paprikaschote füllen und den restlichen Frischkäse darauf verteilen. Die Schote im vorgeheizten Ofen bei 200° (Mitte, Umluft 180°) ca. 20 Minuten überbacken.

❻ Inzwischen den Rucola waschen, putzen und trockenschleudern. Öl, Essig und Zucker verrühren und darüber geben, den Rucola mit der Paprikaschote anrichten. Als Dessert den Fruchtjoghurt genießen.

Gemüse in Hülle und Fülle: Gefüllte Paprikaschoten mit roten Linsen.

> **TIPP**
>
> **ROTE LINSEN**
> Sie sind in der Regel bereits geschält und müssen vor dem Kochen nicht eingeweicht werden. Sie passen übrigens auch gut als Beilage zu Gemüse!

Einfach weiterpowern: Tag 4

Pikant-süßer Genuss am Morgen:
Geflügel-Brötchen mit Pfirsich.

Frühstück

Geflügel-Brötchen
mit Pfirsich

2 Pfirsiche
1 Brötchen
250 g Joghurt (1,5 % Fett)
1 Scheibe Geflügelwurst
1 TL Honig

❶ Die Pfirsiche waschen. 1 Pfirsich halbieren, den Stein herauslösen und das Fruchtfleisch in Spalten schneiden. Den zweiten Pfirsich vom Stein befreien und klein würfeln.

❷ Das Brötchen mit 1 EL Joghurt bestreichen und mit der Wurst und den Pfirsichspalten belegen. Die Pfirsichwürfel mit dem Honig unter den restlichen Joghurt rühren und zum Brötchen genießen.

Leichte Mahlzeit

Schneller Thunfischsalat

1/2 Knoblauchzehe
1 TL Pflanzenöl
2 EL Zitronensaft
2 EL Gemüsebrühe (Instant)
1 grüne Paprikaschote
1 Zwiebel
75 g Thunfisch im eigenen Saft (aus der Dose)
2 EL Mais (aus der Dose)
Salz, frisch gemahlener Pfeffer

Dritte Woche

GUT FÜR DEN MAGEN
Zwiebeln werden bekömmlicher, wenn man sie mit etwas Salz bestreut und 5 Minuten ziehen lässt. Danach abtropfen lassen und wie gewohnt weiterverarbeiten.

1 EL gehackte Petersilie
1 Brötchen
1 Obst für 0 Points (z. B. Beeren)

❶ Für das Dressing den Knoblauch schälen. Das Öl mit Zitronensaft und Gemüsebrühe verrühren und den Knoblauch dazupressen.

❷ Die Paprika halbieren, von Samen und Scheidewänden befreien und waschen. Die Zwiebel schälen und mit der Paprika in Streifen schneiden. Den Thunfisch mit der Gabel zerpflücken. Paprika, Zwiebel, Thunfisch und Mais mischen und das Dressing untermengen. Salzen, pfeffern und mit Petersilie bestreuen. Dazu das Brötchen und das Obst anrichten.

Hauptmahlzeit
Zucchini-Tatar-Auflauf

1 Zwiebel
1 Knoblauchzehe
2 kleine Zucchini
2 Tomaten
150 g Champignons
120 g Tatar
Salz, frisch gemahlener Pfeffer
2 TL italienische Kräuter (TK-Mischung)
1 TL Pflanzenöl
4 EL frisch geriebener Parmesan
100 g passierte Tomaten (Fertigprodukt)
8 EL zubereitetes Kartoffelpüree (Instant)

❶ Zwiebel und Knoblauch schälen, die Zwiebel fein würfeln. Zucchini waschen, putzen und in Scheiben hobeln. Tomaten waschen, vom Strunk befreien und wie die geputzten Champignons in Scheiben schneiden.

❷ Das Tatar mit der Zwiebel, mit Salz, Pfeffer und Kräutern vermengen, den Knoblauch dazupressen und alles im heißen Öl anbraten. Den Backofen auf 180° vorheizen.

❸ Die Zutaten folgendermaßen in eine Auflaufform schichten: Tatarmischung – Zucchini – Tomatenscheiben – Champignons – Parmesan – passierte Tomaten. Die oberste Schicht noch einmal kräftig salzen und pfeffern. Im vorgeheizten Backofen bei 180° (Mitte, Umluft 165°) ca. 45 Minuten garen. Dazu das frisch zubereitete Püree servieren.

LECKERE EXTRAS
Ihre zwei Snacks könnten heute so aussehen: 3 Butterkekse zum Kaffee, und am Abend gibt es 1 Glas alkoholfreies Bier.

61

Einfach weiterpowern: Tag 5

Frühstück
Grießbrei mit Pflaumenmus

375 ml Milch (1,5 % Fett)
3 EL Grieß
Süßstoff nach Belieben
1 TL Zimt
1 TL gemahlene Vanilleschote
1 kleiner Apfel
3 TL Pflaumenmus

1) Aus Milch, Grieß, Süßstoff, Zimt und Vanille nach Packungsanleitung einen Grießbrei zubereiten.

2) Den Apfel waschen, raspeln und unter den Grießbrei heben. Das Pflaumenmus als Klecks obenauf setzen – und genießen.

Leichte Mahlzeit
Feuriges Mexiko-Sandwich

1 rote Paprikaschote
1 TL Pflanzenöl
90 g Tatar
1 Msp. Chilipulver
Salz
2 EL Kidneybohnen (aus der Dose)
1 Salatblatt
2 Scheiben Vollkorntoast
2 EL Salsa-Sauce (Fertigprodukt)
einige Zwiebelringe
1 Obst für 0 Points (z. B. Papaya)

1) Die Paprika halbieren, von Samen und Scheidewänden befreien, waschen und ein Viertel davon würfeln. Das Öl in einer Pfanne erhitzen und das Tatar und die Paprikawürfel darin anbraten. Mit Chili und Salz würzen, die abgetropften Bohnen unterrühren.

2) Das Salatblatt waschen und trockentupfen. Eine Toastscheibe damit belegen, die Tatarmasse darauf verteilen, mit Salsa-Sauce beträufeln und mit Zwiebelringen belegen. Mit dem zweiten Toast abdecken. Die restliche Paprika in Streifen schneiden und mit dem vorbereiteten Obst und dem Sandwich anrichten.

Hauptmahlzeit
Spinat-Hähnchenbrust mit Käse

1 mittelgroße Kartoffel
250 g Blumenkohlröschen
1/2 kleine Zwiebel
1 kleines Hähnchenbrustfilet (120 g)
Salz, frisch gemahlener Pfeffer
1 Msp. geriebene Muskatnuss
2 TL Pflanzenöl
20 g Blattspinat (TK)
30 g Schafkäse
Außerdem:
Rouladennadel oder Küchengarn zum Verschließen

1) Die Kartoffel waschen, den Blumenkohl putzen und beides getrennt in Salzwasser garen. Abgießen, die Kartoffel pellen und mit dem Blumenkohl warm halten.

TIPP

PAPRIKA LAGERN

Die Schoten möglichst in einem kühlen Raum oder Keller lagern, da die Früchte bei zu tiefen Temperaturen, wie sie im Kühlschrank außerhalb des Gemüsefachs manchmal herrschen, schneller verderben.

Dritte Woche

TIPP

FÜR STRAHLENDE RÖSCHEN
Geben Sie etwas Zitronensaft ins Blumenkohl-Kochwasser – so bleiben die Röschen schön weiß.

❷ Die Zwiebel schälen und würfeln. Das Filet waschen, seitlich eine Tasche hineinschneiden. Mit Salz, Pfeffer und Muskat würzen.

❸ $1/2$ TL Öl erhitzen und die Zwiebel darin glasig dünsten. Den Spinat zugeben und kurz mitdünsten. Vom Herd nehmen, den Schafkäse darüber bröckeln und untermengen.

❹ Die Spinat-Käse-Mischung in die vorbereitete Hähnchentasche füllen und diese mit einer Rouladennadel oder Küchengarn verschließen. Das restliche Öl in einer Pfanne erhitzen und das gefüllte Filet darin rundum braten, bis es gar ist. Mit der Kartoffel und dem Blumenkohl anrichten.

ALLE MACHEN MIT!
Vergessen Sie die Extra-Gerichte für Ihre Familie! Bekochen Sie Ihre Lieben mit den Weight Watchers Rezepten und schicken Sie schlanke Familienmitglieder lieber hin und wieder in die Eisdiele oder in die Konditorei – so »leidet« garantiert niemand unter Ihrer Diät, und alle persönlichen Gelüste können befriedigt werden. Wichtig: Ihre Familie sollte sich durchaus solidarisch zeigen und Sie unterstützen – und vielleicht fühlt sich der eine oder andere mit einigen Kilos weniger auch wohler (siehe auch Seite 108/109).

Freunde eingeladen? Dann ist die Spinat-Hähnchenbrust mit Käse ideal: Macht etwas her, schmeckt gut und passt in den Powerplan.

Einfach weiterpowern: Tag 6

Frühstück

Rosinenbrötchen
mit Fruchtaufstrich

1 Rosinenbrötchen
1 TL Halbfettmargarine
3 TL Fruchtaufstrich
1 Birne
1 Pfirsich
250 ml Kefir (1,5 % Fett)
1 TL Honig

❶ Das Rosinenbrötchen halbieren und mit Margarine und Fruchtaufstrich bestreichen.

❷ Birne und Pfirsich waschen, beide vom Kerngehäuse bzw. dem Stein befreien und das Fruchtfleisch jeweils fein würfeln. Den Kefir mit dem Honig verrühren und das Obst unterheben. Zum Brötchen genießen.

TIPP — CURRY: VIELFALT PUR
Hinter dem Begriff Currypulver verbirgt sich eine Gewürzmischung, deren Zusammensetzung sehr unterschiedlich sein kann. Häufig besteht sie aus Chilis, Nelken, Kardamom, Ingwer, Kurkuma, Muskat, Pfeffer, Piment und Zimt – die Liste kann aber noch um etliche Zutaten ergänzt werden. In gut sortierten Lebensmittelabteilungen und speziellen Gewürzläden finden Sie eine große Auswahl, die von mild bis höllisch scharf variieren kann. Hier lohnt sich eine gute Beratung, wenn man sich nicht den Gaumen »verbrennen« möchte!

Leichte Mahlzeit

Hähnchen-Reis-Salat

½ rote Paprikaschote
1 Scheibe Ananas (frisch oder ungezuckert aus der Dose)
2 EL Mais (aus der Dose)
2 EL Erbsen (aus der Dose)
4 EL gekochter Reis
1 kleines Hähnchenbrustfilet (120 g)
1 TL edelsüßes Paprikapulver
Salz
frisch gemahlener Pfeffer
4 TL Mayonnaise (20 % Fett)
2 EL Orangensaft
1 EL Essig
1 Msp. Currypulver
2 EL gehackte Petersilie

❶ Die Paprika von Samen und Scheidewänden befreien, waschen und würfeln. Die Ananas ebenfalls in Würfel schneiden. Mais und Erbsen abtropfen lassen und mit den Paprika- und Ananaswürfeln und dem gekochten Reis gründlich mischen.

❷ Das Hähnchenfleisch in Streifen schneiden und in einer Pfanne ohne Fett rundum braten. Mit Paprikapulver, Salz und Pfeffer würzen. Mit der Mayonnaise und dem Orangensaft unter die Reis-Gemüse-Mischung mengen.

❸ Den Salat mit Salz, Pfeffer, Essig und Curry pikant würzen und auf einem Teller anrichten. Mit der Petersilie bestreuen.

Dritte Woche

Nudel-Gemüse-Pfanne
mit Artischocken

2 Artischockenherzen (aus der Dose)
2 TL Pflanzenöl
Salz, frisch gemahlener Pfeffer
1 EL Sojasauce
1 TL Currypulver
100 ml Gemüsebrühe (Instant)
1 EL Frischkäse (30 % Fett i. Tr.)
1 EL gehackte Petersilie
3 EL frisch geriebener Parmesan

❶ Die Nudeln nach Packungsanleitung in reichlich Salzwasser bissfest garen. Abgießen und warm halten.

❷ Inzwischen die Zwiebel schälen und würfeln, Zucchini und Möhren putzen und in Streifen hobeln. Die Champignons putzen. Die Tomaten waschen, in Spalten schneiden und entkernen. Die Artischocken abtropfen lassen und in mundgerechte Stücke schneiden.

❸ Das Öl in einer Pfanne erhitzen und die Zwiebel darin andünsten. Zucchini und Möhren zugeben und anbraten. Die Pilze kurz mitgaren und alles mit Salz, Pfeffer, Sojasauce und Curry abschmecken. Mit der Brühe ablöschen und den Frischkäse unterrühren.

❹ Die Tomaten zugeben und köcheln lassen, bis das Gemüse bissfest ist. Die Nudeln und Artischockenherzen untermengen, auf einem Teller anrichten und mit Petersilie und geriebenem Parmesan bestreuen.

TIPP

GENUSS OHNE *POINTS*

Lecker: Die restlichen Artischockenherzen können Sie dem Sesam-Schafkäse-Salat von Tag 7 zugeben, ohne dass der Salat an *Points* zulegt.

Hauptmahlzeit
Nudel–Gemüse–Pfanne
mit Artischocken

60 g Bandnudeln
1 Zwiebel
2 kleine Zucchini
2 Möhren
100 g Champignons
2 Tomaten

65

Einfach weiterpowern: Tag 7

Knackig, würzig, erfrischend: Sesam-Schafkäse-Salat mit Kartoffeldressing.

Frühstück
Sanddorn-Bananen-Shake

250 ml Kefir (1,5 % Fett)
2 EL ungesüßter Sanddornsaft
2 TL Honig
1 kleine Banane
2 EL Weizenkeime

❶ Den Kefir mit dem Sanddornsaft und dem Honig verrühren. Die Banane im Mixer fein pürieren. Die vorbereitete Kefirmischung und die Weizenkeime zugeben und alles zu einem cremigen Shake aufmixen.

TIPP
POWER FÜR DEN TAG
Sanddornsaft enthält besonders viel Vitamin C – und macht den Shake damit zu einem echten Powerdrink am Morgen.

Leichte Mahlzeit
Sesam-Schafkäse-Salat
mit Kartoffeldressing

1/2 Knoblauchzehe
1/2 Kopf Blattsalat (z. B. Lollo bionda)
1 Tomate, 1 Möhre
1/2 Salatgurke
2 EL Mais (aus der Dose)
4 milde Peperoni (aus der Dose)
1 EL Kartoffelpüreepulver (Instant)
100 ml heiße Gemüsebrühe (Instant)
1 TL Zitronensaft
1 TL Pflanzenöl
Salz, frisch gemahlener Pfeffer
2 TL gemischte Kräuter (frisch oder TK)
1 TL Sesamsaat
45 g Schafkäse
1 Obst für 0 Points (z. B. Guave)

❶ Den Knoblauch schälen. Den Salat zerpflücken, waschen und trockenschleudern. Die Tomate waschen und in Spalten schneiden. Möhre und Gurke putzen, würfeln und mit Salat, Tomate, Mais und Peperoni mischen.

❷ Das Püreepulver in die heiße Brühe einrühren, den Knoblauch dazupressen, mit Zitronensaft, Öl, Salz, Pfeffer und Kräutern verrühren. Das Dressing mit dem Salat vermengen.

❸ Eine Pfanne ohne Fett erhitzen und den Sesam darin kurz rösten. Mit dem gewürfelten Schafkäse über den Salat geben. Dazu das vorbereitete Obst genießen.

Dritte Woche

Hauptmahlzeit
Putenbrust
süß-sauer

120 g Putenbrustfilet
2 TL Sojasauce
1 TL Mehl
2 TL Chinagewürz

1 Stück frischer Ingwer (etwa 3 cm)
1 Möhre
1 kleine Zucchini
1 rote Paprikaschote
2 Scheiben frische Ananas
1 TL Pflanzenöl
150 ml Gemüsebrühe (Instant)
80 g Sojasprossen
100 ml Orangensaft
1 EL Sojasauce
1 Prise Zucker
4 EL gegarter Reis
250 ml Buttermilch

1 Das Filet trockentupfen und in Scheiben schneiden. Aus Sojasauce, Mehl und Chinagewürz eine Marinade rühren und das Fleisch darin kurz marinieren.

2 Inzwischen den Ingwer schälen und klein würfeln. Möhre und Zucchini putzen, die Möhre in feine Stifte, die Zucchini in Würfel schneiden. Die Paprikaschote von Samen und Scheidewänden befreien, waschen und wie die Ananas würfeln.

3 Das Öl erhitzen und das Fleisch mit dem Ingwer darin anbraten. Die Gemüsebrühe zugießen und aufkochen. Möhre, Zucchini, Paprika, Ananas und Sojasprossen hinzufügen und ca. 5 Minuten mitdünsten. Mit Orangensaft, Sojasauce und Zucker würzen und einmal aufkochen lassen.

4 Mit dem warmen Reis auf einem Teller anrichten und dazu als Getränk die Buttermilch servieren.

TIPP: WERTVOLLE ÖLE

Fett ist nicht gleich Fett! Sonnenblumenöl enthält, wie auch Distel-, Raps- oder Sojaöl, viele mehrfach ungesättigte Fettsäuren, die wichtige Schutz- und Reparaturfunktionen im Körper übernehmen. Sie werden vom Körper nicht aufgebaut und müssen deshalb über die Nahrung zugeführt werden. Wichtig: Die Öle immer dunkel lagern und nicht zu stark erhitzen, sonst gehen die Inhaltsstoffe verloren.

ES GEHT NOCH BESSER

Noch mehr genießen? Das geht doch fast nicht! Doch, denn nach der zweiten Powerwoche ist Genuss pur angesagt. Freuen Sie sich auf Ihre Schlemmerwoche und seien Sie jeden Tag stolz auf die bereits geschwundenen Pfunde.

Genießen angesagt! Tag 1

Sie dachten, dass bei einer Diät die Lust am Genuss zu kurz kommen muss? Dieser Krabben-Cocktail in Cognacsauce beweist das Gegenteil.

Frühstück
Süße Schoko-Bananen-Creme

1 kleine Banane
1 Birne
2 EL Schokomüsli
250 g Joghurt (1,5 % Fett)
1 TL Kakaopulver (Instant mit Zucker)

❶ Banane schälen und in dünne Scheiben schneiden. Die Birne waschen, vierteln, vom Kerngehäuse befreien und würfeln.

❷ Banane und Birne mit dem Müsli unter den Joghurt rühren, mit Kakaopulver bestäuben.

Leichte Mahlzeit
Krabben-Cocktail
in Cognacsauce

2 EL Erbsen (TK), Salz
1 Hand voll Salatblätter
6 Cocktailtomaten
einige Stängel Dill
1/2 kleine Zwiebel
4 TL Mayonnaise (20 % Fett)
2 EL Joghurt (1,5 % Fett)
1 TL Ketchup
1 TL Cognac
Salz, frisch gemahlener Pfeffer
einige Spritzer Zitronensaft
75 g gegarte geschälte Garnelen
    (TK oder in Salzlake)
1 Brötchen
50 g helle Weintrauben

Vierte Woche

① Die Erbsen kurz in Salzwasser bissfest dünsten. Abgießen und abtropfen lassen. Inzwischen den Salat waschen, trockenschleudern und einige Blätter beiseite legen. Die restlichen Blätter in feine Streifen schneiden. Die Tomaten waschen und halbieren. Den Dill waschen, die Blättchen von den Stängeln zupfen und fein hacken. Die Zwiebel schälen und klein würfeln.

② Für die Salatsauce Mayonnaise, Joghurt und Ketchup glatt rühren. Dill und Zwiebeln unterrühren und mit Cognac, Salz, Pfeffer und Zitronensaft abschmecken.

③ Die Krabben auftauen bzw. abgießen und mit Erbsen, Salatstreifen, Tomaten und der Salatsauce mischen. Eine Schale mit den Salatblättern auslegen und den Krabben-Cocktail darin anrichten. Dazu das Brötchen und die Weintrauben servieren.

Hauptmahlzeit
Pasta mit Lammgeschnetzeltem

100 g Brokkoliröschen
Salz
2 Tomaten
1 Zucchini
2 Frühlingszwiebeln
1 Knoblauchzehe
40 g Fusilli (Spiralnudeln)
1 TL Pflanzenöl
125 g Lammfilet
100 ml Gemüsebrühe (Instant)
Salz, frisch gemahlener Pfeffer
1 TL Thymianblättchen
2 TL Tomatenmark
1 TL Sojasauce
2 EL frisch geriebener Parmesan

① Den Brokkoli in kochendem Salzwasser bissfest garen. Abgießen und abtropfen lassen. Die Tomaten überbrühen, häuten und das Fruchtfleisch würfeln. Zucchini und Frühlingszwiebeln putzen, waschen und fein würfeln. Den Knoblauch schälen.

② Die Nudeln nach Packungsanweisung in reichlich Salzwasser bissfest garen. Abgießen und abtropfen lassen. Warm halten.

③ Das Öl in einer Pfanne erhitzen und das Lammfilet mit der Knoblauchzehe darin anbraten. Tomaten, Zucchini, Zwiebeln und Brokkoli zufügen und das Ganze mit der Brühe ablöschen. Mit Salz, Pfeffer und Thymian würzen, das Tomatenmark und die Sojasauce unterrühren. 15 Minuten köcheln lassen, bis alles gar ist. Mit den Nudeln auf einem Teller anrichten und mit Käse bestreuen.

> **TIPP**
> ### OPTIMALE EISENQUELLEN
> Eisen aus tierischen Quellen kann besser vom Körper aufgenommen werden als Eisen pflanzlichen Ursprungs. Das meiste Eisen liefern dunkelrot aussehende Fleisch- und Wurstsorten, wie zum Beispiel Tatar, Roastbeef, Lammfleisch oder roher Schinken.

Genießen angesagt! Tag 2

Frühstück
Exotischer Obstsalat

½ Papaya
8 Litschis
2 Scheiben Honigmelone
2 Scheiben frische Ananas
2 TL Kokosnussraspel
Zitronensaft
1 TL Honig
250 ml Milch (1,5 % Fett)

❶ Die Papaya mit einem Sparschäler dünn schälen, die Kerne mit einem Löffel entfernen. Das Fruchtfleisch würfeln. Die Schale der Litschis mit den Fingern aufbrechen und entfernen, das Fruchtfleisch einschneiden und den Kern entfernen. Melonenfruchtfleisch aus den Schalen lösen und mit den Litschis und der Ananas klein schneiden.

❷ Alle Obstsorten mit den Kokosraspeln vermengen und mit Zitronensaft und Honig abschmecken. Dazu ein Glas Milch trinken.

> **TIPP**
> **EXOTIK FÜR JEDEN TAG**
> Keine Angst vor Exoten! Heute kommen immer mehr exotische Obstsorten zu uns, die Sie probieren sollten. Wichtig: Bei den Papayas unbedingt die Kerne entfernen, da diese beißend scharf schmecken. Die Litschis halten sich bei Zimmertemperatur übrigens bis zu 1 Woche, reifen dabei aber nicht mehr nach.

Leichte Mahlzeit
Lachsschinken-Papaya-Toast

3 EL Magerquark
1 EL Mineralwasser
1 TL Currypulver, Salz
¼ Kästchen Kresse
2 Scheiben Vollkorntoast
2 Salatblätter
einige Scheiben Salatgurke
½ Papaya
4 Scheiben Lachsschinken
Für den Salat:
1 Hand voll Blattsalat
4 Cocktailtomaten
1 EL Essig, Salz
2 TL Pflanzenöl

❶ Den Quark mit dem Mineralwasser glatt rühren und mit Curry und Salz würzen. Die Kresse abbrausen, mit einer Küchenschere abschneiden und unter den Quark mischen. Das Brot toasten und damit bestreichen.

❷ Den Salat waschen und trockentupfen, die Gurke schälen und in Scheiben schneiden. Die Papaya schälen, Kerne entfernen und in Spalten, den Schinken in Streifen schneiden. Die Toasts damit belegen.

❸ Den Salat waschen, trockenschleudern, zerrupfen und mit den gewaschenen, halbierten Tomaten in eine Schüssel geben. Alle Zutaten für die Salatsauce zu einem cremigen Dressing verrühren und darüber geben. Mit den Toasts auf einem Teller anrichten.

Vierte Woche

Hauptmahlzeit
Petersilienkartoffeln mit Krabben-Lachs-Sauce

250 g Brokkoliröschen
320 g Kartoffeln
1 Zwiebel, 1 Knoblauchzehe
95 g rohes Lachsfilet
1 TL Pflanzenöl
2 EL Frischkäse mit Kräutern (30 % Fett i. Tr.)
100 ml Gemüsebrühe (Instant)
Salz, frisch gemahlener Pfeffer
25 g gegarte geschälte Garnelen (TK oder in Salzlake)
1 EL gehackte Petersilie

❶ Brokkoli und Kartoffeln waschen und in Salzwasser garen. Abgießen, abtropfen lassen. Die Kartoffeln ausdampfen lassen und pellen. Beides warm halten. Inzwischen Zwiebel und Knoblauch schälen und würfeln. Den Lachs in mundgerechte Stücke schneiden.

❷ Das Öl in einer Pfanne erhitzen, Zwiebel und Knoblauch darin anbraten. Die Lachswürfel zugeben und kurz mitbraten.

❸ Den Frischkäse in der Gemüsebrühe auflösen und zum Lachs gießen. Salzen und pfeffern. Aufkochen und ca. 10 Minuten köcheln lassen. Die Krabben hinzufügen und die Sauce weitere 5 Minuten köcheln lassen.

❹ Die warmen Kartoffeln mit der Petersilie bestreuen und mit Brokkoli und der Krabben-Lachs-Sauce auf einem Teller anrichten.

Genießen und schlank werden: Petersilienkartoffeln mit Krabben-Lachs-Sauce.

TIPP: KARTOFFEL-POWER

Da sich die meisten wertvollen Inhaltsstoffe der Kartoffel in beziehungsweise knapp unterhalb der Schale verbergen, sollten Sie Kartoffeln stets mit Schale kochen. So bleiben möglichst viele Vitamine, Mineralstoffe und Spurenelemente erhalten. Neue Kartoffeln kann man übrigens gut mit Schale essen – sie werden vor dem Kochen dann nur gründlich mit einer Bürste abgeschrubbt und schmecken superlecker!

Genießen angesagt! Tag 3

Da werden die Kollegen im Büro garantiert neidisch: Radicchio-Birnen-Salat mit Roquefort.

Frühstück

Roastbeef-Paprika-Brötchen

1 Brötchen
1 TL Halbfettmargarine
2 Scheiben Roastbeef
1 gelbe Paprikaschote
100 g Erdbeeren (frisch oder TK)
250 ml Buttermilch
Süßstoff nach Belieben

❶ Das Brötchen halbieren, mit Margarine bestreichen und mit dem Roastbeef belegen. Die Paprika von Samen und Scheidewänden befreien, waschen und in Streifen schneiden.

> **TIPP**
> **IDEAL FÜR EILIGE**
> Sie sind nicht der Typ, der sich morgens fürs Frühstück Zeit nimmt? Dann essen Sie, bevor Sie aus dem Haus gehen, ein Obst für *0 Points* und genießen Sie das Brötchen später am Vormittag in Ihrer Frühstückspause.

Die Brötchenhälften mit einigen Paprikastreifen belegen, den Rest auf einem Teller fächerförmig anrichten.

❷ Die Erdbeeren nach Belieben klein schneiden oder mit einer Gabel zerdrücken und unter die Buttermilch rühren. Mit Süßstoff abschmecken und zum Brötchen löffeln.

Leichte Mahlzeit

Radicchio-Birnen-Salat
mit Roquefort

60 g Joghurt (1,5 % Fett)
Saft von 1/2 Zitrone
15 g Roquefort
1 EL Orangensaft
Salz
frisch gemahlener schwarzer Pfeffer
1/2 Kopf Radicchio
1 kleiner Chicorée
1 Möhre
1 kleine reife Birne
2 TL gehackte Walnüsse
1 TL Rosinen
2 Scheiben Vollkorntoast

Vierte Woche

❶ Den Joghurt mit 2 TL Zitronensaft, dem Roquefort und Orangensaft glatt rühren, salzen und pfeffern.

❷ Radicchio und Chicorée putzen, die Strünke herausschneiden, die Blätter waschen und mundgerecht zerkleinern. Auf einem Teller als »Salatbett« anrichten. Die Möhre putzen und raspeln, die Birne waschen, vierteln, vom Kerngehäuse befreien und die Viertel fächerartig aufschneiden.

❸ Möhrenraspel und Birnenfächer auf dem Salat anrichten, die Birne mit dem restlichen Zitronensaft beträufeln. Mit Nüssen und Rosinen bestreuen und mit dem Roquefortdressing beträufeln. Die Toasts rösten, diagonal in Dreiecke schneiden und daneben anrichten.

Hauptmahlzeit
Gratinierter Spargel mit Schinkenröllchen

500 g frischer weißer Spargel (ersatzweise TK oder aus der Dose)
125 ml Gemüsebrühe (Instant)
1 Prise Zucker
1 Ei
3 EL frisch geriebener Parmesan
2 EL Schmand
1 Scheibe magerer gekochter Schinken
2 TL Mayonnaise (20 % Fett)
1/2 rote Paprikaschote
1 EL gehackte Petersilie

❶ Den Backofen auf 180° vorheizen. Den Spargel waschen, schälen und holzige Teile abschneiden. Die Gemüsebrühe mit dem Zucker aufkochen und den Spargel darin je nach Dicke 20–25 Minuten garen. Herausheben, abtropfen lassen und in eine flache Auflaufform legen.

❷ Das Ei mit dem Parmesan und Schmand verquirlen und über den Spargel gießen. Im vorgeheizten Ofen bei 180° (Mitte, Umluft 165°) 20–25 Minuten überbacken, bis eine goldbraune Kruste entsteht.

❸ Inzwischen den Schinken mit der Mayonnaise bestreichen. Die Paprika von Samen und Scheidewänden befreien, waschen, würfeln und auf dem Schinken verteilen. Den Schinken aufrollen und mit dem Spargel auf einem Teller anrichten. Mit Petersilie bestreuen.

> **TIPP**
> **RUND UM DEN SPARGEL**
> Wer noch mehr Spargelgeschmack möchte, gibt zusätzlich zum Zucker noch etwas Margarine ins Kochwasser. Wenn Sie frischen grünen Spargel verwenden, müssen Sie diesen nicht schälen, sondern nur die Enden abschneiden und bei Bedarf das untere Drittel schälen. Je nach Dicke der Stangen ist grüner Spargel bereits nach 10–15 Minuten gar.
> Die Spargelzeit ist endgültig vorbei und Sie bekommen nur Spargel aus der Dose? Dann müssen Sie diesen nicht garen, sondern nur abtropfen lassen und wie beschrieben überbacken.

Genießen angesagt! Tag 4

Frühstück
Beeren-Nudel-Müsli

20 g Farfalle
3 EL Magerquark
2 EL Mineralwasser
50 g Erdbeeren (frisch oder TK)
1 kleiner Apfel
1 kleine Banane
1 TL Rosinen
1 EL Haferflocken
1 TL Fruchtaufstrich
½ TL Zitronensaft
1 TL Zimt
Süßstoff nach Belieben
180 ml Milch (1,5 % Fett)
1 TL Kakaopulver (Instant mit Zucker)

❶ Die Nudeln nach Packungsanleitung in kochendem Wasser garen. Abgießen, abtropfen und auskühlen lassen.

❷ Inzwischen den Quark mit dem Wasser glatt rühren. Das Obst putzen bzw. waschen oder schälen und in mundgerechte Stücke schneiden.

❸ Obst, Rosinen, Haferflocken und Aufstrich unter den Quark rühren und mit Zitronensaft, Zimt und Süßstoff abschmecken. Die Müsli-Creme mit den Nudeln vermischen. Dazu aus Milch und Kakaopulver einen Kakao mixen.

Leichte Mahlzeit
Feine Lachssuppe

1 Möhre
1 kleine Stange Lauch
50 g Knollensellerie
1 TL Pflanzenöl
250 ml Fischfond
50 g Schmelzkäseecke (20–25 % Fett)
2 TL Zitronensaft
Salz, frisch gemahlener Pfeffer
75 g frisches Lachsfilet
1 EL gehackte Petersilie
1 Scheibe Vollkorntoast
1 Obst für 0 Points (z. B. Karambole)

❶ Möhre, Lauch und Sellerie putzen bzw. waschen und fein zerkleinern. Das Öl in einer Pfanne erhitzen und die Gemüsewürfel darin anbraten. Den Fond angießen und die Mischung ca. 5 Minuten köcheln lassen.

❷ Den Schmelzkäse mit dem Zitronensaft einrühren, unter Rühren auflösen und die Suppe salzen und pfeffern. Den Lachs würfeln und in der Suppe gar ziehen lassen.

❸ Die Suppe in einem Teller anrichten und mit der Petersilie bestreuen. Den Toast rösten und mit dem Obst dazu genießen.

TIPP

FÜR JEDE JAHRESZEIT

Im Frühsommer schmeckt das Müsli mit frischen Erdbeeren besonders gut. Für kalte Wintertage: Anstelle der Erdbeeren Orangenstücke unterheben und im vorgeheizten Backofen in einer feuerfesten Form bei 180° (Mitte, Umluft 165°) ca. 15 Minuten überbacken.

Vierte Woche

TIPP

FAMILIEN-HIT
Das Ratatouille kommt sicher auch bei Ihrer Familie gut an! Ideal: Mengen vervielfachen und portionsweise einfrieren.

Hauptmahlzeit
Geflügel-Ratatouille
mit Wildreis

1 Zwiebel
2 Knoblauchzehen
1 rote Paprikaschote
1 Zucchini
1 kleine Aubergine
1 kleines Putenfilet (120 g)
1 TL Pflanzenöl
250 g passierte Tomaten (Fertigprodukt)
1 EL Aceto balsamico
Salz, frisch gemahlener Pfeffer
1 TL gehacktes Basilikum
1 TL Oreganoblättchen
4 EL gegarte Wildreis-Mischung
250 g extraleichter Fruchtjoghurt
   (bis 0,4 % Fett)

❶ Zwiebel und Knoblauch schälen und klein schneiden. Die Paprika von Samen und Scheidewänden befreien, waschen und würfeln. Zucchini und Aubergine waschen, putzen und ebenfalls würfeln. Das Fleisch trockentupfen und in mundgerechte Stücke schneiden.

❷ Das Öl in einem Topf erhitzen und Zwiebel und Knoblauch darin glasig dünsten. Das Putenfilet zugeben und anbraten. Paprika, Zucchini und Aubergine zufügen und mitbraten, bis das Gemüse knapp bissfest ist.

❸ Die passierten Tomaten und den Essig unterrühren und 10 Minuten köcheln lassen, gelegentlich umrühren. Mit Salz, Pfeffer und den Kräutern würzen und zum Reis servieren. Als Dessert den Joghurt genießen.

Geflügel-Ratatouille mit Wildreis – ein Klassiker mit Schlankgarantie.

Genießen angesagt! Tag 5

Frühstück
Parmaschinken-Melonen-Sandwich

1 Salatblatt
einige Scheiben Honigmelone
2 Scheiben Vollkorntoast
1 TL Halbfettmargarine
2 Scheiben Parmaschinken
100 g Himbeeren (frisch oder TK)
250 g Magermilch-Joghurt (0,3 % Fett)
Süßstoff nach Belieben

❶ Das Salatblatt waschen und trockentupfen. Die Schale der Melone entfernen und das Fruchtfleisch in dünne Spalten schneiden.

❷ Eine Scheibe Toast mit der Margarine bestreichen und mit dem Salatblatt und dem Schinken belegen. Die Melonenscheiben darauf anrichten und mit der zweiten Toastscheibe belegen.

❸ Die Himbeeren bei Bedarf auftauen, mit dem Joghurt verrühren und mit Süßstoff abschmecken. Zum Sandwich genießen.

> **TIPP**
> **RAUKE**
> Die kultivierte Form der Wildrauke (ital. Rucola) erlebt bei uns seit einigen Jahren einen ungeheuren Boom – nicht zu Unrecht, denn das typische Rucola-Aroma, das leicht scharf und nussig ist, passt zu vielen mediterranen Gerichten und ergibt einen köstlichen Salat. Positiv: Rucola ist zudem reich an Vitamin C und Senfölen.

Leichte Mahlzeit
Rucola-Pilz-Salat
mit Parmesan

1 gekochtes Eigelb
1/4 TL Senf
1 EL Aceto balsamico
1 EL Orangensaft
2 TL Pflanzenöl
Salz, frisch gemahlener Pfeffer
1 Bund Rucola (Rauke)
5 Cocktailtomaten
80 g Champignons
30 g Parmesan
1 Vollkornknäckebrot
1 Obst für *0 Points* (z. B. Ananas)

❶ Das Eigelb zerdrücken und mit Senf, Essig, Orangensaft, Öl, Salz und Pfeffer zu einem cremigen Dressing verrühren.

❷ Den Rucola waschen, putzen und trockenschleudern. Die Tomaten waschen und halbieren, die Champignons putzen und in sehr feine Scheiben schneiden.

❸ Den Rucola auf einem Teller anrichten, Tomaten und Champignons darauf verteilen und mit dem Dressing beträufeln. Den Parmesan hobeln und darüber streuen. Mit dem Knäckebrot und Obst genießen.

Vierte Woche

Hauptmahlzeit
Feurige Paprikaroulade

1 Zwiebel
1/2 rote Paprikaschote
1 Rinderroulade (160 g)
Salz
1 TL Salsa-Sauce
1 TL grüne Pfefferkörner
1 TL Pflanzenöl
1 TL edelsüßes Paprikapulver
100 ml Gemüsebrühe (Instant)
125 ml Milch (1,5 % Fett)
2 EL Frischkäse (30 % Fett i. Tr.)
Für das Gemüse:
2 Möhren
125 g Brokkoliröschen
150 g Blumenkohlröschen
Außerdem:
Rouladennadeln oder Küchengarn

❶ Die Zwiebel schälen und würfeln. Paprika von Samen und Scheidewänden befreien und ebenfalls würfeln. Die Roulade trockentupfen, flach klopfen, salzen und mit Salsa-Sauce bestreichen. Mit den Pfefferkörnern bestreuen, mit einigen Zwiebel- und Paprikawürfeln belegen, aufrollen und mit Rouladennadeln feststecken oder mit Küchengarn binden.

❷ Das Öl in einem Topf erhitzen und die Roulade mit den restlichen Zwiebel- und Paprikawürfeln anbraten. Das Paprikapulver darüber stäuben, die Gemüsebrühe angießen und die Rouladen ca. 25 Minuten schmoren.

❸ Inzwischen für das Gemüse die Möhren putzen, in Würfel schneiden und mit Brokkoli und Blumenkohl in Salzwasser bissfest garen. Abgießen und abtropfen lassen. Warm halten.

❹ Die Roulade aus dem Topf nehmen und warm halten. Milch und Frischkäse in den Bratfond einrühren und noch einmal mit Salz und Pfeffer abschmecken. Mit dem Gemüse auf einem Teller anrichten.

Schöne Grüße aus Ungarn: Feurige Paprikaroulade.

TIPP
DAS PERFEKTE FLEISCH
Welches Fleisch für Rouladen? Besonders zart gelingen sie, wenn sie aus Bürgermeisterstück, Dickem Bug, Hüfte, Keule, Nuss, Oberschale oder Schulter geschnitten werden.

Genießen angesagt! Tag 6

Frühstück
Kresse-Ei-Knäcke

1 Salatblatt
1 hart gekochtes Ei
1 Scheibe Vollkornknäckebrot
1 TL Halbfettmargarine
Salz, frisch gemahlener Pfeffer
1 EL Kresse
250 g extraleichter Vanillejoghurt (bis 0,4 % Fett)
100 g Himbeeren (frisch oder TK)

1 Das Salatblatt waschen und trockentupfen, das Ei pellen und in Scheiben schneiden. Das Knäckebrot mit der Margarine bestreichen und mit Salat und Ei belegen. Salzen, pfeffern und mit Kresse bestreuen.

2 Den Joghurt mit den Beeren vermengen, nach Belieben die Beeren vorher mit einer Gabel zerdrücken. Zum Knäckebrot löffeln.

Leichte Mahlzeit
Italienische Crostini

1 rote Paprikaschote
1/4 Zucchini
1 Tomate
1 Knoblauchzehe
1/2 Kopf Radicchio
50 g Mozzarella
1 TL Pflanzenöl
Salz, frisch gemahlener Pfeffer
1 Brötchen
1 EL Aceto balsamico
1 TL italienische Kräuter (TK-Mischung)
1 Obst für 0 Points (z. B. Apfel)

1 Die Paprika von Samen und Scheidewänden befreien und waschen. Ein Viertel sehr fein, den Rest grob würfeln. Zucchini und Tomate waschen, putzen und ebenfalls sehr fein würfeln. Den Radicchio putzen, in Blätter

Knuspriges Brot, würziger Belag und schmelzender Käsegenuss: Italienische Crostini.

> **TIPP — VIELFALT ANGESAGT**
> Variieren Sie das Gemüse nach Lust und Laune, aber auch ganz nach aktueller Jahreszeit: Im Winter bieten sich Pilze, Fenchel und Zwiebeln als Belag an, während im Sommer alles in Frage kommt, was der Garten zu bieten hat.

Vierte Woche

teilen, waschen, trockenschleudern und in Streifen schneiden. Mozzarella abtropfen lassen und in Scheiben schneiden.

❷ Das Öl erhitzen und das sehr fein gewürfelte Gemüse darin anbraten. Salzen, pfeffern und auf den Brötchenhälften verteilen. Mit Mozzarella belegen und unter dem Grill kurz überbacken, bis der Käse geschmolzen ist.

❸ Radicchiostreifen und restliche Paprikawürfel in einer Schüssel vermengen. Aus Essig, Kräutern, Salz und Pfeffer ein Dressing rühren und über den Salat gießen. Mit den Crostini auf einem Teller anrichten. Das Obst als Dessert genießen.

Hauptmahlzeit
Gefüllte Hähnchenbrust
mit Ofenkartoffeln

250 g Kartoffeln
Salz
1 kleines Hähnchenbrustfilet (120 g)
1 EL Pinienkerne
½ Bund Basilikum
1 Knoblauchzehe
frisch gemahlener Pfeffer
2 EL frisch geriebener Parmesan
1 EL Orangensaft
1 TL Pflanzenöl
4 Tomaten
Außerdem:
Rouladennadel oder Küchengarn

❶ Den Backofen auf 200° vorheizen. Die Kartoffeln unter fließendem Wasser gründlich abbürsten und halbieren. Salzen, mit der Schnittfläche nach unten auf ein mit Backpapier ausgelegtes Backblech legen und im vorgeheizten Ofen bei 200° (Mitte, Umluft 180°) 30–40 Minuten garen.

❷ Inzwischen das Filet trockentupfen und seitlich eine Tasche zum Füllen hineinschneiden. Die Pinienkerne ohne Fett in einer Pfanne rösten und abkühlen lassen. Das Basilikum abbrausen, trockentupfen, die Blättchen abzupfen und klein schneiden. Den Knoblauch schälen und fein hacken.

❸ Pinienkerne, Basilikum, die Hälfte des Knoblauchs, Salz, Pfeffer, die Hälfte des Parmesans und den Orangensaft vermengen und in die Filettasche füllen. Mit Rouladennadeln oder Küchengarn gut verschließen. Rundum salzen und pfeffern. Das Öl in der Pfanne erhitzen und die Hähnchenbrust auf jeder Seite 5–8 Minuten braten.

❹ Inzwischen die Tomaten überbrühen, häuten und das Fruchtfleisch würfeln. In einem Topf ohne Fett dünsten, den restlichen Knoblauch hinzufügen und 5 Minuten köcheln lassen. Salzen, pfeffern und den restlichen Parmesan unterrühren. Das gefüllte Filet auf der Tomatensauce anrichten und mit den Ofenkartoffeln servieren.

Sie würden Freunden gern ein Menü servieren? Wie wäre es mit den Crostini als Vorspeise und der Gefüllten Hähnchenbrust als Hauptgericht? Die »verlorene« Leichte Mahlzeit können Sie gut mit *0-Points*-Obst und Gemüse oder einer der leckeren *0-Points*-Gemüsesuppen von Seite 16 auffangen.

Genießen angesagt! Tag 7

Frühstück
Lachs-Brötchen

1 Salatblatt
1 Brötchen
30 g geräucherter Lachs
2 TL Mayonnaise (20 % Fett)
einige Scheiben Salatgurke
250 ml Buttermilch
180 g Mandarinen (ungezuckert, aus der Dose)
1 TL Honig

❶ Das Salatblatt waschen und trockentupfen. Das Brötchen halbieren, eine Hälfte mit dem Salat und dem Lachs belegen. Mayonnaise darauf verstreichen und mit Gurke belegen. Mit der zweiten Brötchenhälfte abdecken.

❷ Für den Buttermilch-Shake die Buttermilch mit Mandarinen und Honig aufmixen und zum Brötchen genießen.

Leichte Mahlzeit
Puten-Mango-Salat

100 g Mangofruchtfleisch
1 Möhre
2 Frühlingszwiebeln
1 Hand voll Blattsalat
40 g geräucherte Putenbrust in Scheiben
1 Päckchen »Fix für Salatsauce Kräuter«
1 TL Pflanzenöl
3 EL Wasser
1 Brötchen

❶ Die Mango schälen, das Fruchtfleisch vom Kern abschneiden und würfeln. Die Möhre putzen und grob raspeln. Die Zwiebeln putzen, waschen und in Ringe schneiden. Den Salat waschen, trockenschleudern und wie den Putenaufschnitt in Streifen schneiden. Alle vorbereiteten Zutaten in einer Schüssel mischen.

❷ Fix für Salatsauce mit dem Öl und Wasser anrühren und unter den Salat mengen. Dazu das Brötchen genießen.

Hauptmahlzeit
Makkaroni mit »Caponata di Melanzane«

80 g Makkaroni, Salz
1 Aubergine
1 Zwiebel
1 Stange Staudensellerie
2 Tomaten
1 TL Pflanzenöl
frisch gemahlener Pfeffer
einige Tropfen Süßstoff
2 EL Kapern
2 EL Aceto balsamico
4 EL frisch geriebener Parmesan

❶ Die Makkaroni nach Packungsanleitung in reichlich Salzwasser bissfest garen. Abgießen, abtropfen lassen und warm halten.

❷ Die Aubergine waschen, putzen, würfeln und salzen. 15 Minuten abtropfen lassen.

TIPP

AUBERGINEN

In puncto Aroma und geschmacklicher Eigenwilligkeit halten sich die violetten Eierfrüchte zurück. Das hat aber auch den Vorteil, dass sie sich – wenn es ans Braten, Grillen und Schmoren geht – geschmacklich mit allem vertragen.

Vierte Woche

③ Zwiebel schälen und würfeln, den Sellerie putzen, waschen und klein schneiden. Die Tomaten waschen und in Würfel schneiden.

④ Das Öl erhitzen und die Zwiebel- und Selleriewürfel darin anbraten. Die Tomaten zugeben und mit Salz, Pfeffer und Süßstoff abschmecken. 10 Minuten köcheln lassen.

⑤ Die Auberginen in einem Sieb abspülen, abtropfen lassen und mit den Kapern unter die Sauce rühren. Mit Essig, Salz und Pfeffer abschmecken und mit den Nudeln auf einem Teller anrichten. Mit Parmesan bestreuen.

Mandarinentraum-Torte

Zutaten für 12 Stücke
1 Packung Zitronengötterspeise (zum Kochen)
3 Dosen ungezuckerte Mandarinen
  (je 195 g Abtropfgewicht)
flüssiger Süßstoff nach Belieben
500 g Magerquark
500 g Joghurt (1,5 % Fett)
1 Prise Salz
1 Fläschchen Vanillearoma
12 Löffelbiskuits

> **TIPP — LUXUS-SNACK**
> Die ersten 4 Wochen sind geschafft! Leisten Sie sich ein Kaffee-Vergnügen und tauschen Sie Ihre beiden Snacks von heute gegen 1 Stück dieser Torte mit einem cremigen Cappuccino mit Milch ein – hmm ...

① Das Götterspeisepulver mit 6 EL Wasser anrühren und 10 Minuten quellen lassen. Die Mandarinen abtropfen lassen und leicht mit Süßstoff nachsüßen.

② Den Quark mit Joghurt, Salz, etwas Süßstoff und dem Vanillearoma verrühren. Die Löffelbiskuits in einer Tüte zerbröseln und gleichmäßig in eine Springform (26 cm ø) streuen.

③ Die Götterspeisemischung erwärmen und unter die Quarkmasse rühren. Die Mandarinen bis auf 2 EL dazugeben und auf den Biskuitbröseln in der Form verteilen. 2 Stunden sehr kühl stellen. Aus der Form lösen und mit den restlichen Mandarinenschnitzen garnieren.

Geschafft! Belohnen Sie sich mit der zart schmelzenden Mandarinentraum-Torte, die sofort Lust auf weitere vier Powerwochen macht.

Wählen Sie sich satt und zufrieden

Was die Snacks angeht, liegt die Qual der Wahl zweimal täglich bei Ihnen:
Denn es steht Ihnen jeden Tag frei, aus den nachfolgenden beiden Listen zwei Snacks, die jeweils mit *1 Points* zu Buche schlagen, auszuwählen und zu genießen.

Snacks – die Unkomplizierten

Hier finden Sie schnelle Snacks, die Ihnen ohne jeglichen Arbeitsaufwand sofort zur Verfügung stehen – ohne lästiges Kochen und Vorbereiten. Und das alles für jeweils *1 Points*.

- Apfelkompott (ohne Zucker, 120 g)
- Banane (1 kleine)
- Bier (alkoholfrei, 0,3 l)
- Bonbons (ohne Zucker, 6 Stück)
- Butterkekse (3 Stück)
- Cappuccino mit Milch plus 10 »Amaretti«-Kekse
- Fruchtjoghurt (extra leicht bis 0,4 % Fett, 125 g)
- Gummibärchen (10 Stück)
- Knabbergebäck (z. B. Party-Mix, 20 g)
- Krautsalat (Fertigprodukt ohne Sahne, 6 EL)
- Litschis (8 Stück)
- Löffelbiskuits (3 Stück)
- Mandeln (4 Stück)
- Mini-Schokokuss (1 Stück)
- Popcorn (gesalzen und ohne Fett, 20 g)
- Rosinen (ungeschwefelt, 4 EL)
- Rote Grütze (kalorienreduziert, 160 g)
- Russischbrot (Buchstabengebäck, 3 Stück)

- Salzbrezeln (10 Stück)
- Schokolade (jede Sorte, 1 Stückchen = 7 g)
- Schokolinsen (10 Stück)
- Weintrauben (100 g)
- Trockenfrüchte (jede Sorte, 2 Stück)
- Vanilleeis (kalorienreduziert, 1 Kugel)
- Waffelgebäck mit Cremefüllung (10 g)
- Wassereis am Stiel (1 Stück)
- Wein (weiß oder rot, ein kleines Glas)
- Zwieback (2 Stück)

Snacks

Snacks – fix selbst gemacht

Sie stehen auf belegte Brote, frisch gerührte Joghurts mit viel Frucht oder knackiges Gemüse mit cremigen Dips? Dann sind Sie in dieser Rubrik goldrichtig, denn hier erwarten Sie eine Vielzahl von kleinen Snacks, die Abwechslung bieten und im Handumdrehen zubereitet sind – und auch das alles gibt es für nur *1 Points*.

- 1 Kiwi, 1 Apfel und 1 Stück Melone schälen bzw. putzen und in mundgerechte Stücke schneiden. Mit 1 Spritzer Zitronensaft sowie 1 TL Honig verrühren und mit 1 TL gehackten Nüssen garnieren.

- 1 Knäckebrot mit 1 EL Hüttenkäse und Tomatenscheiben nach Belieben belegen.

- 1 Reiswaffel mit 60 g extra leichtem Vanillejoghurt (0,4 % Fett) bestreichen. 1 Pfirsich waschen, in Spalten schneiden und die Waffel damit belegen.

- 1 Scheibe Knäckebrot mit 1 Scheibe Roastbeef und klein geschnittenen Gewürzgurken nach Belieben belegen.

- 1 Toast mit 1 Scheibe Gemüse in Aspik belegen und mit Tomatenscheiben garnieren.

- $1/2$ Banane und 100 g Ananas klein schneiden und mit 1 EL Zitronensaft und 75 g Magermilch-Joghurt (bis 0,3 % Fett) vermengen.

- 125 g Joghurt (1,5 % Fett) mit 1 TL Honig cremig verrühren.

- 125 g Joghurt (1,5 % Fett) mit Meerrettich pikant abschmecken. Festes Gemüse in Stifte schneiden, und los geht das Dipvergnügen.

- 1 TL Margarine erhitzen. 2 Scheiben Ananas darin braten und dabei mit 1 TL Zucker bestreuen.

- 200 ml Orangensaft mit 200 g Erdbeeren pürieren und den Powerdrink mit frisch gepresstem Zitronensaft abrunden.

- 4 Scheiben Lachsschinken mit 4–8 Melonenscheiben anrichten.

- Sellerie und Paprika in mund- und handgerechte Stifte schneiden und in 3 EL Frühlingsquark (Magerstufe) dippen.

Einkaufen ...

... des einen Leid, des anderen Freud

Zugegeben, Lebensmittel einzukaufen ist für viele nicht gerade spannend und kann sogar total auf die Nerven gehen, wenn man eben nicht all das kaufen kann, wonach einem gerade der Sinn steht. Damit der Besuch im Supermarkt während der vier Powerwochen und auch danach nicht zum Problem wird, haben wir einige Tipps für Sie zusammengestellt:

➤ Gehen Sie nie hungrig einkaufen, sondern nur dann, wenn Sie sich noch so richtig satt und zufrieden fühlen.
➤ Schreiben Sie eine Einkaufsliste und halten Sie sich daran – so widerstehen Sie auch den schlimmsten Versuchungen.
➤ »Zeig mir deinen Einkaufswagen und ich sage dir, wie du isst ...« Freuen Sie sich über die vielen gesunden Lebensmittel im Wagen.
➤ Bevorzugen Sie die »süßigkeitenfreie Kasse« – man weiß ja nie, wie lange man sonst mit den Schokoriegeln vor Augen anstehen muss.
➤ Sie fühlen sich heute nicht ganz so stark und sind sich nicht sicher, ob Sie beim Einkaufen durchhalten? Dann holen Sie sich für den unabänderlichen Gang in den Supermarkt eine Freundin, die Sie mental unterstützt – das schont Nerven, Portemonnaie und nicht zuletzt Ihre Hüften.

Die vier Shopping-Basics

1 Die Lebensmittel der Basisliste sollten Sie immer im Haus haben. Die Wochen-Einkaufslisten enthalten alle diejenigen Lebensmittel, die Sie darüber hinaus benötigen, wenn Sie nach dem 4-Wochen-Power-Plan kochen.
2 Snacks sind nicht in den Einkaufslisten enthalten, da Sie diese frei wählen. Bitte ergänzen Sie Ihre Einkaufsliste um die Snacks, die Sie sich für diese Woche ausgesucht haben (Ideen finden Sie ab Seite 82).
3 Wasser ist ebenfalls nicht in den Einkaufslisten enthalten. Wenn Sie gern Wasser aus dem Hahn trinken, ist das kein Problem – oder aber Sie planen in Ihren Einkauf mindestens 1,5 Liter pro Tag ein.
4 Sie sollten Reste, wenn möglich, aufbewahren, einfrieren – oder das Rezept einfach noch einmal wiederholen, weil es so lecker war!

Das brauchen Sie für eine Woche

Damit Sie nicht jeden Tag aufs Neue in den Supermarkt, zum Metzger, Gemüsehändler & Co. loslaufen müssen, haben wir Einkaufslisten zusammengestellt: eine Basisliste mit Lebensmitteln, die Sie während der vier Wochen immer im Haus haben sollten, und jeweils eine Einkaufsliste für jede Woche. Wichtig: Vergessen Sie nicht, die Listen jeweils um Getränke und Snacks zu ergänzen!

> **TIPP**
> **0-POINTS-VORRÄTE**
> Decken Sie sich zusätzlich mit *0-Points*-Obst und -Gemüse ein, denn da können Sie immer zugreifen! Was gibt es noch außer Apfel und Erdbeere? Ideen finden Sie auf Seite 15.

Einkaufslisten

BASISLISTE

Diese Lebensmittel sollten Sie während der vier Wochen immer zu Hause haben:

Im Vorrat

Aceto balsamico
Cornflakes
Essig nach Belieben
Fix für Salatsauce
Gemüsebrühe (Instant)
Gewürze und Würzmittel:
   Basilikum, Chilipulver, Chinagewürz, Currypulver, flüssiger Süßstoff, frischer Ingwer (1 Knolle), gemahlener Ingwer, Italienische Kräuter, Kräuter der Provence, Koriander, Majoran, Muskatnuss, Oregano, Paprikapulver, Pfeffer, Rosmarin, Salz, Thymian, Worcestersauce, Zimt
Gewürzgurken
Grieß
Haferflocken
Honig
Kaffee
Kakaopulver (Instant mit Zucker)
Kapern
Kartoffeln
Kartoffelpüreepulver (Fertigprodukt)
Ketchup
Knoblauch
Kokosraspel
Mehl
Mineralwasser
Müsli ohne Zucker
Orangensaft
Paniermehl
Pflanzenöl
Reis
Rosinen
Saucenbinder
Senf
Sojasauce
Tomatenmark
Vanilleschote (gemahlen)
Vanillezucker
Vollkornknäckebrot
Vollkorntoast
Zucker
Zwiebeln

Aus der Dose

Ananasscheiben (ungezuckert, 340 g Abtropfgewicht), 1 Dose
Bohnenkerne (weiß, 265 g Abtropfgewicht), 2 Dosen
Erbsen (280 g Abtropfgewicht), 2 Dosen
Kidneybohnen (250 g Abtropfgewicht), 2 Dosen
Mais (285 g Abtropfgewicht), 2 Dosen
Mandarinen (ungezuckert, 175 g Abtropfgewicht), 2 Dosen
Peperoni (mild, 165 g Abtropfgewicht), 1 Glas
Pfirsiche (ungezuckert, 250 g Abtropfgewicht), 1 Dose
Tomaten (passiert, 500 g), 2 Tetrapacks
Tomaten (geschält, 240 Abtropfgewicht), 2 Dosen
Tomatenpaprika (300 g Abtropfgewicht), 1 Glas
Thunfisch im eigenen Saft, 2 Dosen

Im Kühlschrank

Buttermilch
Eier
Fruchtaufstrich
Halbfettmargarine
Kondensmilch (4 % Fett)
Magermilch
Magerquark
Mayonnaise (20 % Fett)
Milch (1,5 % Fett)

85

EINKAUFSLISTE WOCHE 1: AUF DIE PLÄTZE ...

Obst

9 Stücke Obst für *0 Points* nach Wunsch (siehe Seite 15) und zusätzlich

1 kleinen Apfel

1 kleine Banane

250 g Beeren (frisch oder TK)

1 reife Birne

1 Grapefruit

100 g Himbeeren (TK)

1 Orange

Trockenobst (z. B. Apfelringe, Aprikosen)

1 unbehandelte Zitrone

Gemüse und Kräuter

1 sehr kleine Aubergine

1 Kopf Blattsalat

150 g Blumenkohl

300 g Brokkoli

4 Champignons

6 Cocktailtomaten

5 Frühlingszwiebeln

7 Möhren

100 g Knollensellerie

2 kleine Stangen Lauch

250 g Mischpilze

2 rote Paprikaschoten

1 kleiner Kopf Radicchio

6 Radieschen

1 Salatgurke

6 Tomaten

250 g Zucchini

Kräuter: je 1 Bund Dill, Basilikum, Petersilie und Schnittlauch

Gemüse nach Belieben als Rohkost

Brot und Getreideprodukte

3 Brötchen

2 Scheiben Vollkornbrot (à 60 g)

Käse

40 g Camembert (30 % Fett i. Tr.)

100 g Frischkäse (30 % Fett i. Tr.)

50 g Kräuter-Frischkäse

30 g geriebener Käse (30 % Fett i. Tr.)

50 g geriebener Parmesan

2 Scheiben Schnittkäse (30 % Fett i. Tr., 60 g)

Milchprodukte

125 g saure Sahne

500 g extraleichter Fruchtjoghurt (bis 0,4 % Fett)

370 g Naturjoghurt (1,5 % Fett)

1/8 l Kefir (1,5 % Fett)

Wurst

1 Scheibe geräucherte Geflügelbrust

1 magere Scheibe gekochter Schinken

4 Scheiben Lachsschinken

Fleisch

100 g Geflügelleber (ersatzweise 150 g Geflügelfilet)

120 g Hähnchenbrustfilet

210 g Putenschnitzel

150 g mageres Schweinefleisch

120 g Tatar

Fisch und Meeresfrüchte

60 g geräuchertes Forellenfilet

125 g Krabben

125 g Lachsfilet

Sonstiges

2 TL gehackte Nüsse

60 g Makkaroni (entspricht 180 g gegarten)

1 EL Mango-Chutney

30 g Milchreis

60 g Tortellini (entspricht 180 g gegarten)

Einkaufslisten

EINKAUFSLISTE WOCHE 2: POWER PUR!

Obst

7 Stücke Obst für *0-Points* und außerdem:

2 kleine Äpfel
2 kleine Bananen
150 g Beeren (TK oder frisch)
2 Feigen (frisch oder getrocknet)
1 Kiwi
150 g Mangofruchtfleisch
1 Orange
1 Zitrone

Gemüse und Kräuter

1 Kopf Blattsalat
500 g Brokkoli
500 g Champignons
6 Frühlingszwiebeln
6 Möhren
1 Stange Lauch
6 Oliven ohne Stein
je 1 kleine gelbe und grüne Paprikaschote
3 kleine rote Paprikaschoten
1 Salatgurke
13 Tomaten
250 g Zucchini

frische Kräuter: 1 1/2 Bund Petersilie, je 1 Bund Schnittlauch und Basilikum
Gemüse als Rohkost

Brot und Getreideprodukte

2 Brötchen
60 g Fladenbrot

Käse

90 g Frischkäse (30 % Fett i. Tr.)
75 g Schnittkäse in Scheiben (30 % Fett i. Tr.)
30 g geriebener Käse (32 % Fett i. Tr.)
195 g Mozzarella
90 g Schafkäse

Milchprodukte

250 g extra leichter Fruchtjoghurt (bis 0,4 % Fett)
590 g Naturjoghurt (1,5 % Fett)
2 EL saure Sahne
2 EL Schmand

Wurst und Fleisch

30 g Cabanossi (ersatzweise Mettwürstchen)
1 Scheibe Geflügelsalami
40 g geräucherte Geflügelbrust
1 Scheibe geräucherte Putenbrust
540 g Tatar

Fisch und Meeresfrüchte

100 g gegarte geschälte Garnelen (TK oder in Salzlake)
150 g Seelachsfilet

Sonstiges

80 g Nudeln, z. B. Fusilli (entspricht 240 g gegarten)
1 TL Nuss-Nougat-Creme
2 EL Pinienkerne

EINKAUFSLISTE WOCHE 3: EINFACH WEITERPOWERN

Obst

4 Obst für *0-Points* und zusätzlich:

1 frische Ananas

2 kleine Äpfel

2 kleine Bananen

100 g Beeren (frisch oder TK)

1 Birne

50 g Kapstachelbeeren

1 Orange

3 Pfirsiche (ersatzweise ungezuckert aus der Dose)

1 Zitrone

Gemüse

2 Stangen Bleichsellerie

1 Kopf Blattsalat

20 g Blattspinat (TK)

250 g Blumenkohl

300 g Champignons

1 großer Chicorée

125 g Feldsalat (ersatzweise anderer Blattsalat)

125 g Fenchel

1 Frühlingszwiebel

6 Möhren

3 kleine Stangen Lauch

1 große gelbe und 1 grüne Paprikaschote

4 rote Paprikaschoten

4 Radieschen

100 g Rucola

1 Salatgurke

180 g frische Sojasprossen

7 Tomaten

5 kleine Zucchini

Kräuter: je 1 Bund Schnittlauch und Petersilie, 2 TL gemischte Kräuter (TK oder frisch)

Gemüse als Rohkost

Brot und Getreideprodukte

4 Brötchen

1 Rosinenbrötchen

1 Scheibe Vollkornbrot (60 g)

2 EL Weizenkeime

Käse

30 g Camembert (30 % Fett i. Tr.)

60 g Frischkäse (30 % Fett i. Tr.)

1 Scheibe Schnittkäse (30 % Fett i. Tr.)

15 g geriebener Käse (30 % Fett i. Tr.)

7 EL frisch geriebener Parmesan

75 g Schafkäse

Milchprodukte

500 g Naturjoghurt (1,5 % Fett)

250 g extraleichter Fruchtjoghurt (bis 0,4 % Fett)

1/2 l Kefir (1,5 % Fett)

1 EL saure Sahne

Wurst

1 Scheibe Geflügelwurst

3 Scheiben geräucherte Putenbrust

1 Scheibe magerer gekochter Schinken

Fleisch und Fisch

210 g Tatar

120 g Putenbrustfilet

120 g Hähnchenbrustfilet

60 g Räucherlachs

Sonstiges

60 g Bandnudeln (entspricht 180 g gegarten)

25 g rote Linsen

3 TL Pflaumenmus

1 TL Preiselbeeren

2 EL Salsa-Sauce (Fertigprodukt)

2 EL ungesüßter Sanddornsaft

1 TL Sesamsaat

25 g Wildreis-Mischung

2 Artischockenherzen (aus der Dose)

Einkaufslisten

EINKAUFSLISTE WOCHE 4: GENIESSEN ANGESAGT!

Obst
3 Obst für *0 Points* und zusätzlich:
1 frische Ananas, 1 kleiner Apfel
2 kleine Bananen, 2 reife Birnen
150 g Erdbeeren (frisch oder TK)
200 g Himbeeren (frisch oder TK)
1 kleine Honigmelone
8 Litschis, 100 g Mango
1 Papaya, 50 g Weintrauben
2 Zitronen

Gemüse
2 Auberginen, 2 Köpfe Blattsalat
150 g Blumenkohl
475 g Brokkoli
80 g Champignons
1 kleiner Chicorée
15 Cocktailtomaten
50 g Erbsen (TK)
4 Frühlingszwiebeln
5 Möhren, 50 g Knollensellerie
Kräuter: 1 Kästchen Kresse, je 1 Bund Petersilie, Basilikum, Dill
1 kleine Stange Lauch
1 gelbe und 3 rote Paprikaschoten
1 Kopf Radicchio
1 Bund Rucola, 1 Salatgurke
500 g frischer Spargel (ersatzweise aus der Dose)
1 Stange Staudensellerie
9 Tomaten, 3 Zucchini
Gemüse als Rohkost

Brot und Getreideprodukte
5 Brötchen
2 EL Schokomüsli

Käse
2 EL Frischkäse mit Kräutern (30 % Fett i. Tr.)
2 EL Frischkäse (30 % Fett i. Tr.)
50 g Mozzarella
30 g Parmesan am Stück
11 EL geriebener Parmesan
15 g Roquefort
50 g Schmelzkäse in Ecken (20–25 % Fett)

Milchprodukte
2 EL Schmand
250 g extraleichter Vanillejoghurt (bis 0,4 % Fett)
250 g extraleichter Fruchtjoghurt (bis 0,4 % Fett)
340 g Naturjoghurt (1,5 % Fett)
250 g Magermilch-Joghurt (0,3 % Fett)
500 g Magerquark

Wurst und Fleisch
2 Scheiben geräucherter Parmaschinken (50 g)
120 g Hähnchenbrustfilet
4 Scheiben Lachsschinken
125 g Lammfilet
40 g Putenbrust
120 g Putenfilet
1 Rinderroulade (160 g)
2 Scheiben Roastbeef
1 Scheibe magerer gekochter Schinken

Fisch und Meeresfrüchte
100 g gegarte geschälte Garnelen (TK oder in Salzlake)
30 g Räucherlachs
170 g Lachsfilet

Sonstiges
1 TL Cognac
250 ml Fischfond (Glas)
60 g Fusilli (entspricht 180 g gegarten)
80 g Makkaroni (entspricht 240 g gegarten)
1 TL grüne Pfefferkörner
1 EL Pinienkerne
1 TL Salsa-Sauce (Fertigprodukt)
2 TL gehackte Walnüsse
4 EL gegarte Wildreis-Mischung
1 Pck. Zitronengötterspeise
3 Dosen Mandarinen (ohne Zucker)
1 Fl. Vanillearoma
12 Löffelbiskuits

Fit, aktiv und entspannt

> Laufen, tanzen, Fenster putzen – es gibt fast unzählige Möglichkeiten, sportlich aktiv zu sein. Bei unserem Programm kommt es weniger darauf an, für welche Sportart Sie sich entscheiden, sondern vielmehr darauf, dass Sie sich regelmäßig bewegen!
> Ausdauer, Fitness und Entspannung sind die Ziele der folgenden Übungen – sicher ist auch etwas für Sie dabei!

Bonus-Points

Wenn Sie sich bewegen, verbrauchen Sie zusätzliche Energie – Sport bietet Ihnen also die Gelegenheit, sich *Bonus-Points* dazuzuverdienen. Es bleibt Ihnen allein überlassen, ob Sie diese *Bonus-Points* gegen etwas Leckeres zum Essen eintauschen oder damit Ihren Gewichtsverlust beschleunigen.

Bonus-Points spornen an!

Bonus-Points sollen Sie anregen Sport zu treiben – doch keine Angst, Sie sollen dabei nicht zum Leistungssportler werden. Deshalb empfehlen wir Ihnen, sich pro Woche nicht mehr als *12 Bonus-Points* zu erarbeiten, die Sie dann nach Belieben gegen Extras eintauschen können (siehe dazu Seite 112).

Starten Sie in ein Leben voller Bewegung ...

Sie waren bisher eher ein Bewegungsmuffel als eine Sportskanone? Dann sollten Sie realistisch bleiben und nichts übertreiben. Nehmen Sie sich Zeit und starten Sie langsam in Ihr neues bewegtes Leben. Damit der Anfang leichter fällt, hier unsere Top-Tipps:

➤ Gemeinsam macht Sport viel mehr Spaß! Suchen Sie Gleichgesinnte und planen Sie Ihre Bewegungstreffs regelmäßig und im Voraus.

➤ Tricksen Sie im Alltag Ihre Beine aus! Steigen Sie aus Bus oder Bahn eine Station vor dem Ziel aus und gehen Sie den Rest zu Fuß.

➤ Ein Kaffeekränzchen mit Freundinnen tut gut, genießen Sie es. Damit die Energiebilanz hinterher wieder stimmt, danach mindestens genauso lange spazieren gehen, wie Sie vorher Kaffee getrunken haben.

➤ Auch Gartenarbeit bringt *Bonus-Points* – Ihr Garten wird es Ihnen danken.

➤ Fürs Treppenlaufen gibt's extra viele *Bonus-Points* (siehe Sportartenliste unten) – vergessen Sie also Lift & Co.!

Bonus-Points-Facts

Wie viele *Bonus-Points* Sie womit verdienen, hängt von mehreren Faktoren ab:
➤ Der Art der Übung,
➤ wie intensiv Sie trainieren,
➤ wie lange Sie sich bewegen.

Die folgende Tabelle zeigt, wie viele *Bonus-Points* Sie mit den verschiedenen Bewegungsarten erzielen, wenn Sie diese *30 Minuten* ausüben (Durchschnittswerte).

SPORTART pro 30 Min.	BONUS-POINTS	SPORTART pro 30 Min.	BONUS-POINTS
Aerobic	3	Langlauf	5
Aqua-Aerobic	3	Rad fahren	2
Badminton	3	Reiten	2
Ballett	2	Schwimmen	4
Bergsteigen	3	Seilspringen	6
Callanetics	2	Ski fahren	4
Disco-Dancing	3	Snowboard fahren	4
Eislaufen	3	Spazieren gehen	2
Gartenarbeit	2	Tauchen	7
Golf	2	Tennis	3
Gymnastik	2	Tischtennis	2
Handball	3	Treppen laufen	5
Hausarbeit	1	Volleyball	4
Inline-Skaten	4	Walking	4
Joggen	4	Yoga	2

20 Minuten Easy-Workout

Fit werden mit einigen gezielten Übungen – das klingt viel versprechend und ist tatsächlich möglich! Denn jede Sekunde, die Sie Ihren Körper mit unserem Easy-Workout trainieren, ist die Zeit und den Aufwand wert.

Zweimal pro Woche 20 Minuten – das ist alles, was Sie an Übungszeit investieren müssen, denn dann wird der Erfolg schnell sichtbar.

Warming up

Bevor Sie beginnen, sollten Sie Ihre Muskeln mindestens fünf Minuten aufwärmen. So bekommt Ihr Körper die Chance, sich auf die Übungen vorzubereiten und dadurch Verletzungen vorzubeugen. Die einfachste Methode: Legen Sie Ihre Lieblingsmusik ein und tanzen Sie fünf Minuten ausgelassen dazu!

Ihr Home-Studio

Sie benötigen nur zwei Hilfsmittel, und die sind denkbar einfach: eine zusammengerollte Wolldecke und eine Gymnastikmatte. Mit einer Flasche Wasser und einem Handtuch sind Sie schließlich perfekt ausgerüstet.

GESUNDHEITSHINWEIS

Wenn Sie unter hohem Blutdruck, an Herz- und Atemwegserkrankungen oder anderen Erkrankungen leiden beziehungsweise Gelenkschmerzen haben, fragen Sie auf jeden Fall Ihren Arzt, ob Einwände gegen ein Bewegungstraining bestehen. Auch wenn während des Trainings Schmerzen, Schwindel, ungewöhnliche Ermüdung oder Unwohlsein auftreten, sollten Sie das Training sofort abbrechen und sich an Ihren Arzt wenden.

Fit-Tipps

➤ Folgen Sie beim Training Ihrem Biorhythmus: Frühaufsteher trainieren am besten morgens. Wer hingegen erst abends so richtig in Fahrt kommt, verlegt das Training besser auf die Abendstunden!

➤ Bleiben Sie realistisch: Wie oft möchten Sie zum Beispiel diese Woche trainieren und wie oft können Sie es tatsächlich einrichten?

➤ Beginnen Sie langsam: Trainieren Sie am Anfang nicht so häufig und intensiv, denn Ihr Körper muss sich erst auf die neuen, ungewohnten Übungen einstellen.

➤ Legen Sie in Ihrer Wohnung einen Platz fest, an dem Sie Ihre Übungen ausführen.

➤ Probleme mit der Zeit fürs Workout? Dann geben Sie sich und Ihrem Fitness-Training doch einfach einen Termin im Kalender!

Fit & aktiv

Den Rücken kräftigen und gleichzeitig den Po straffen

In dieser und den folgenden Übungen kommt die Wolldecke zum Einsatz. Das Tolle an den Übungen mit Decke ist: Sie verstärkt den Trainingseffekt, da alle Muskeln inklusive Bauchmuskulatur gefordert werden. Ebenfalls beansprucht werden Ihre Fußmuskeln, die es auch wert sind, trainiert zu werden: Sie tragen Sie schließlich den ganzen Tag über!

Und so geht's

❶ Rollen Sie die Wolldecke von der Längsseite her auf und stellen Sie sich mit den Füßen auf die Rolle. Die Beine sind schulterbreit geöffnet. Versuchen Sie einen festen Stand zu finden, ohne dass Zehen oder Fersen den Boden berühren.
❷ Führen Sie Ihre Hände hinter dem Rücken zusammen und achten Sie darauf, die Schultern dabei tief zu lassen. Kneifen Sie jetzt beim nächsten Ausatmen Ihre Pohälften fest zusammen (Abb.) und schieben Sie Ihre Arme leicht nach oben. Atmen Sie ein und lockern Sie die Spannung in Körper und Armen ein wenig.

➤ 3 x 20 Wiederholungen

Den mittleren Gesäßmuskel trainieren

Der mittlere Gesäßmuskel ist für die Aufrechthaltung unseres Beckens verantwortlich. Vor allem wenn man länger steht, steht das Becken häufig schief. Hier hilft es, sich im Spiegel zu beobachten und die Haltung zu kontrollieren. Oder aber Sie stärken Ihre Muskulatur und können dann auch bei längerem Stehen Ihr Becken problemlos aufrecht halten.

Und so geht's

❶ Stellen Sie sich auf das linke Ende der gerollten Wolldecke. Drücken Sie vor der Brust beide Handflächen so gegeneinander, dass die Finger nach oben zeigen. Richten Sie sich vollständig durch die Gesäß- und Bauchspannung in der Hüfte auf.
❷ Beim nächsten Ausatmen spreizen Sie Ihr linkes Bein seitlich vom Körper weg (Abb.). Gleichzeitig drücken Sie die Handflächen möglichst fest gegeneinander.
❸ Beim nächsten Einatmen führen Sie das linke Bein langsam, ohne es abzusetzen, wieder zurück. Die Handflächen lösen sich etwas, doch Sie behalten Ihre Grundspannung bei.

➤ 20 Wiederholungen pro Bein

Rückenpower

Ein schöner Rücken kann auch entzücken? Das stimmt, kann aber nur dann der Fall sein, wenn Ihre Rückenmuskulatur gut durchblutet ist, sprich regelmäßig trainiert wird. Die Rückenmuskulatur besteht aus langen, mittleren und kurzen Muskelsträngen. Diese Muskel-Mischung ist mehrlagig aufgebaut und arbeitet als Einheit, die die Wirbelsäule stabil hält und es ihr gleichzeitig ermöglicht, sich flexibel nach allen Seiten zu bewegen.

Und so geht's

❶ Stellen Sie sich auf Ihre zusammengerollte Wolldecke. Heben Sie Ihren rechten Arm seitlich und beugen Sie Ihren Ellenbogen, sodass der Unterarm zur Decke zeigt. Spreizen Sie Ihr linkes Bein etwas nach hinten und stellen Sie es auf die Fußspitze (Abb. links).
❷ Beim nächsten Ausatmen führen Sie Ihren rechten Ellenbogen und Ihr linkes Knie vor dem Oberkörper zusammen. Der Rücken wird dabei gerundet (Abb. rechts).
❸ Beim nächsten Einatmen gehen Sie in die Ausgangsposition zurück, ohne die Spannung im ganzen Körper zu verlieren. Ganz wichtig: Spannen Sie, während Sie die Bewegung ausführen, die Bauchmuskulatur mit an.

➤ 20 Wiederholungen, dann Seitenwechsel

TIPP: KLEINE RÜCKENKUNDE

Ihr Rücken reagiert sensibel auf schlechte Haltung und Überbelastung. Um ihn gesund und aufrecht zu halten, sollten Sie folgende Grundregeln beachten:
➤ Schieben Sie zwischendurch immer wieder die Schultern weg von den Ohren, sodass sich der Nacken aus den Schultern heraus lang macht.
➤ Ihre Kopfhaltung sollte möglichst gerade sein – immer wieder korrigieren!
➤ In entspannter Haltung baumeln die Arme seitlich am Körper, die Daumen sind dabei leicht nach vorn außen gedreht, damit die Schultern sich öffnen können.
➤ Das Becken sollte sich waagerecht auf einer Linie befinden, damit die Kraft der Bewegung gleichmäßig verteilt wird.
➤ Nur wer die Ferse richtig aufsetzt, kann die Grundspannung aktivieren. Gehen Sie beim Laufen immer leicht hoch und tief und bewegen Sie sich durch die Kraft Ihrer Muskulatur vorwärts.

Fit & aktiv

Den gesamten Körper kräftigen

Der Körper braucht Muskeln, um sich aufrecht zu halten, aber auch um Fett abzubauen. Ausdauersport allein reicht dafür nicht aus.
Mit dieser Übung aktivieren Sie die Kraftzellen in Ihren Muskeln, die dann wie Fett-Verbrennungsöfen funktionieren. Die gute Nachricht: Sie können durch Sport – wie hier beschrieben – diese Öfen vermehren und zu neuen Höchstleistungen antreiben.

Und so geht's

❶ Gehen Sie wie zu einem Liegestütz in den Vierfüßlerstand. Ihre Hände stützen sich auf die Decke, die Handgelenke bilden eine Linie mit den Schultergelenken, die Ellenbogen sind locker und leicht gebeugt.
❷ Stellen Sie nacheinander beide Beine hüftbreit ausgestreckt auf die Fußspitzen, sodass Sie wie ein Brett über den Boden schweben. Atmen Sie dabei ruhig ein und aus.

❸ Aktivieren Sie nun Ihre Bauchmuskulatur. Ihre Schultern schieben Sie Richtung Gesäß. Heben Sie die rechte und linke Hand im Wechsel 10 cm von der Decke und spannen Sie Ihren Körper dabei so fest wie möglich an (Abb. links). Der Blick ist auf den Boden gerichtet. Überprüfen Sie dabei immer wieder, ob Ihr Körper eine gerade Linie bildet.

➤ 3 x 20 Wiederholungen

Wer als Anfänger diese Übung machen möchte, stützt sich nicht mit den Fußspitzen, sondern mit den Knien auf dem Boden ab und führt die Übung wie beschrieben aus (Abb. oben).

Den Po straffen

Der Po ist unsere verlängerte Rückseite. Wir müssen die Muskeln dort oft bewegen, da hier unsere größte Fettschicht sitzt. Die folgende Übung ist der Klassiker unter den Po-Straffern, der gleichzeitig noch den Rücken stärkt.

Und so geht's

❶ Legen Sie sich auf den Rücken und stellen Sie die Fersen auf die Wolldecke, die Fußspitzen sind locker.
❷ Heben Sie Ihr Gesäß ganz bewusst etwas an, wobei sich auch Ihr Rücken bis zum Schulterblatt etwas vom Boden entfernt. Ihre Bauchmuskeln bleiben dabei fest angespannt, um den Rücken zu halten.
❸ Heben Sie nun abwechselnd Ihre Beine etwas von der Decke ab (Abb.). Achten Sie darauf, dass Ihre Gesäßspannung erhalten bleibt. Die Knie bleiben dabei hüftbreit.

➤ 3 x 20 Wiederholungen

TIPP — TRAININGSTIPPS

Um effektiv trainieren zu können, sollten Sie folgende Regeln beachten:
➤ Essen Sie vor dem Sport nur eine Kleinigkeit. So bleibt der Blutzuckerspiegel normal und fällt durch das Training nur leicht ab.
➤ Wer morgens trainiert, kann auch mal ohne Frühstück mit dem Sport loslegen. Das gilt natürlich nicht, wenn Sie dadurch in ein Hungerloch fallen und später Heißhunger-Attacken haben.
➤ Duschen Sie nach dem Training immer angenehm warm. Zu heißes Duschen würde den Körper zu sehr anstrengen und die Muskeln blockieren.
➤ Trinken Sie nicht erst dann, wenn Ihr Körper nach Flüssigkeit schreit, sondern bereits bevor Sie Durst verspüren. Am besten, Sie gönnen sich alle zehn Minuten ein kleines Glas Wasser, langsam Schluck für Schluck.
➤ Bei Muskelkater einen Tag Ruhe einlegen und das nächste Workout mit einem längeren Aufwärmtraining beginnen, damit die Muskeln wieder besser mit Sauerstoff versorgt werden können.

Fit & aktiv

Ein toller Bauch mit der Beckenschaukel

Diese Übung aktiviert die Durchblutung im unteren Rückenbereich, sodass Rücken- und Bauchmuskeln ideal zusammenarbeiten.

Und so geht's

❶ Legen Sie sich auf den Rücken. Stellen Sie Ihre Füße hüftbreit dicht an das Gesäß, die Füße sind fest aufgestellt. Spüren Sie ganz bewusst, wie Ihr Körper auf dem Boden aufliegt.
❷ Beim nächsten Ausatmen bewegen Sie Ihren Bauchnabel in Richtung Boden – gehen Sie im Becken mit der Bewegung mit.
❸ Beim nächsten Einatmen hebt sich der Bauchnabel Richtung Decke, Ihr Becken kippt leicht mit. Dabei heben Sie Ihr Gesäß beziehungsweise Ihren Rücken nur so weit vom Boden ab, dass Sie gerade ein Blatt Papier darunter durchziehen könnten (Abb. links).

➤ Dauer der Übung: 1–3 Minuten

Die Taille kräftigen

Mit dem seitlichen Liegestütz kräftigen Sie Ihre Taille optimal. Dabei arbeiten Sie gegen die Schwerkraft, sodass zusätzlich noch viele Hilfsmuskeln mittrainiert werden.

Und so geht's

❶ Legen Sie sich auf die rechte Körperseite, und stützen Sie sich mit dem rechten Unterarm auf der Wolldecke ab. Schultern und Ellenbogen bilden eine Linie.
❷ Beim nächsten Ausatmen heben Sie aus dieser Lage die Hüfte vom Boden so weit ab, dass Oberkörper und oberes Bein eine Linie bilden (Abb. rechts). Achtung: Weichen Sie nicht mit der Hüfte nach vorn oder hinten aus.
❸ Beim Einatmen gehen Sie mit dem Körper etwas tiefer und heben ihn beim Ausatmen wieder an. Ihre Atmung bleibt ruhig.

➤ 3 x 20 Wiederholungen

WICHTIG!
➤ Wenn Ihre Handgelenke schmerzen, verkürzen Sie die Übung einfach.
➤ Versuchen Sie durchzuhalten und geben Sie nicht vorzeitig auf!
➤ Sollte die Übung zu anstrengend sein, können Sie sich zusätzlich auf dem Knie abstützen.

Die ganze Bauchmuskulatur kräftigen

Wer seine langen Bauchmuskeln kräftigen möchte, muss diese auch regelmäßig fordern. Das geht ganz einfach, wenn Sie die Beine dabei miteinbeziehen!

Und so geht's

❶ Legen Sie sich auf den Rücken. Stellen Sie die Füße auf den Fersen auf. Die Hände kommen in den Nacken, die Daumen liegen an den Schläfen, die Ellenbogen sind locker nach außen geklappt.

> **TIPP**
>
> **PFLEGEN SIE IHREN ATEM!**
> Sauerstoff ist für unseren Körper und vor allem für unsere Stoffwechselvorgänge lebensnotwendig. Nur wenn wir tief und entspannt atmen, pflegen wir unseren Körper. Gönnen Sie sich diese Pflege: Nehmen Sie sich jeden Tag bewusst fünf Minuten Zeit und atmen Sie. Erst durch das »Sich-bewusst-machen« finden Sie zu Ihrem eigenen Atemrhythmus.

❷ Beim nächsten Ausatmen schieben Sie Ihre Bauchmuskulatur zusammen, indem Sie den Bauchnabel in Richtung Wirbelsäule bewegen. Dadurch hebt sich Ihr Oberkörper leicht vom Boden ab. Zusätzlich heben Sie im Wechsel die gebeugten Beine mit an (Abb.). Ihr Kinn macht ein leichtes Doppelkinn, der Kopf ist in gerader Verlängerung der Wirbelsäule.

➤ 3 x 20 Wiederholungen

Fit & aktiv

Wellness pur – Entspannung nur für Sie!

Entspannen Sie sich nach unserem kleinen Workout – Sie haben es sich verdient, und Ihr Körper wird es Ihnen danken.

Und so geht's

❶ Legen Sie sich auf den Rücken. Umfassen Sie mit beiden Händen die Knie und schieben Sie diese zur Brust. Die Hände umarmen nun die Schienbeine (Abb.).
❷ Entspannen Sie Schultern und Gesäßmuskulatur. Der Kopf ist mit einem leichten Doppelkinn abgelegt.
❸ Schaukeln Sie leicht nach links und rechts. Atmen Sie dabei ganz ruhig und gleichmäßig ein und aus. Wenn Sie sich so richtig wohl und entspannt fühlen, stehen Sie langsam auf und schütteln sich noch einmal so richtig aus.

> **TIPP**
>
> **WELCHE MUSKELN SOLLTEN SIE NACH DEM WORKOUT SPÜREN?**
>
> ▶ Den gesamten Schulterbereich: Wenn es im oberen Rücken angenehm warm ist, haben Sie die Schulterblätter richtig bewegt. Das Blut fließt wieder durch jeden Muskel und die Stoffwechselvorgänge werden angeregt.
> ▶ Ihren Brustkorb: Sie haben richtig geatmet, wenn Sie das Gefühl haben, dass Sie am liebsten Ihre Brust Richtung Sonne strecken und noch mal tief durchatmen möchten.
> ▶ Ihren Po: Fühlt sich Ihr Po heiß an? Dann haben Sie ihn gut angespannt. Und das ist gut so, denn die Gesäßmuskeln sind besonders wichtig für die Aufrichtung des Beckens.
> ▶ Ihre Füße: Auch sie sollten sich schön warm anfühlen – vom Sprunggelenk bis zum großen Zeh. Hier verlaufen viele Nervenbahnen mit direktem Draht zum unteren Rücken.

So bleiben Sie erfolgreich!

> Verlockungen lauern überall: Egal eine spontane Einladung zum Essen oder ein unerklärlicher Heißhunger auf Süßes – in diesen Fällen helfen unsere Notfallboxen. Als kleinen Langzeit-Service finden Sie hier außerdem Checklisten zu den Themen Ernährung, Bewegung und Strategie. Damit Sie immer wissen, wo Sie stehen, und sich lange über Ihren Gewichtsverlust freuen können.

Notfall: Einladung

Eine Einladung zum Essen ausschlagen? Niemals – hätten Sie früher gesagt. Aber wie sieht es jetzt aus, da Sie das Abnehmfieber gepackt hat? Ob Sie es glauben oder nicht: Es ist auch jetzt nicht nötig abzusagen – denn mit *Points* können Sie jede Einladung meistern.

Diagnose

Sie wurden eingeladen und haben nun Angst, Ihre guten Vorsätze zu brechen und maßlos über die Stränge zu schlagen.

Rettungsplan

Der Trick ist ganz einfach: Sie müssen versuchen, so viele *Points* wie möglich tagsüber zu sparen oder sich heute noch *Bonus-Points* zu erarbeiten. Diese gesammelten *Points* werden dann für die Einladung verwendet. Dank der vielen *0-Points*-Lebensmittel ist es beispielsweise ganz einfach, mit nur *5 Points* über den Tag zu kommen. Hier ein Beispiel, wie das aussehen kann:

> **TIPP**
>
> **ERSTE HILFE**
>
> Vielleicht kam die Einladung so überraschend, dass bereits alle *Points* für heute aufgebraucht sind. Oder Sie hatten keine Gelegenheit, in den Tagen vor der Einladung *Points* aufzusparen oder *Bonus-Points* zu sammeln. Wählen Sie in diesem Fall möglichst fettarme Gerichte. Achten Sie in den folgenden Tagen auf *pointsarme* Mahlzeiten und bewegen Sie sich einfach mehr.

Frühstück

Sparflammen-Quark

1. 1 Kiwi schälen. Je 1 Apfel und Birne waschen, vom Kerngehäuse befreien und mit der Kiwi klein schneiden.
2. 150 g Naturjoghurt (1,5 % Fett) mit 1 TL Vanillezucker verrühren, das Obst unterheben. Dazu 2 Knäckebrote essen.

Snack

Einfach lecker

Suchen Sie sich aus der Obst- und Gemüseliste für *0 Points* auf Seite 15 aus, worauf Sie gerade Lust haben, und genießen Sie!

Mittagessen

Tolle Knolle

Genießen Sie als »schlankes« Mittagessen die leckeren Pellkartoffeln mit Tsatsiki-Gemüse-Creme. Das Rezept dafür finden Sie auf Seite 111.

Vor der Einladung

Trinken Sie im Vorfeld möglichst viel! Eine Tasse Tee oder Gemüsebrühe nimmt Ihnen bereits den ersten Hunger.

Abend-Einladung

Denken Sie daran: Sie allein entscheiden, was und wie viel Sie essen möchten – denn Sie sind schließlich der Gast!

Obwohl es einem beim »5-Points-Tag« an nichts fehlt, sollte er die Ausnahme bleiben, etwa wenn für Einladungen »gespart« werden muss. Ansonsten sollten Sie Ihre *20 Points* ausschöpfen und so beim Abnehmen genießen.

Notfall: Restaurant

Seit Sie abnehmen, ist Ihnen jegliche Lust auf einen Restaurantbesuch vergangen? Keine Angst, der ehemals so geliebte Gang in den Gourmettempel ist leichter zu meistern, als Sie vielleicht denken – schließlich sind Sie Gast und können ganz nach Belieben wählen.

Diagnose

Kein Koch scheint an Ihre Hüften zu denken! An all die leckeren Gerichte kommt Sahne, Butter und Öl. Sie fühlen sich hilflos und wissen nicht, wie Sie sich im Restaurant verhalten und was Sie wählen sollen.

Rettungsplan 1

Die einfachste Lösung: Ersetzen Sie eine oder zwei Mahlzeiten durch ein Restaurantgericht. Berücksichtigen Sie dabei, dass es in jedem Restaurant andere Gerichte und Portionsgrößen gibt. Wir sind bei unseren Berechnungen von einer mittelgroßen Portion ausgegangen. Alle Anrechnungen verstehen sich ohne Beilagen, wenn diese nicht besonders genannt sind. Wir machen Ihnen hierfür zwei Vorschläge: Zum einen kleine Tauschgeschäfte, geeignet für den kleinen Hunger, die Sie auch nur eine größere Mahlzeit am Tag kosten. Zum anderen große Tauschgeschäfte, die ihrem Namen alle Ehre machen. Dafür müssen Sie auf zwei Mahlzeiten verzichten, doch der Genuss im Restaurant entschädigt dafür allemal.

Kleine Tauschgeschäfte

Sie können die Leichte Mahlzeit *(6 Points)* oder Hauptmahlzeit *(7 Points)* ersetzen durch:

> **TIPP**
>
> **IDEALE BEILAGEN**
>
> Wählen Sie als Beilage, wann immer es geht, Gemüse. Doch auch Kartoffeln und Reis sind okay, wenn Sie die Sauce aus dem Spiel lassen. Die letzte Wahl sind in diesem Fall Pommes frites und Kroketten, da sie meist wahre Fettfallen sind!

Fast Food

(1 Stück, wenn nicht anders vermerkt)

- Baguette mit Schinken
- 1/2 Brathähnchen ohne Haut
- Brötchen mit 1/2 Matjeshering
- Cheeseburger
- Paniertes Fischfilet
- Kleine Frikadelle
- Hamburger
- Krabbenbrötchen
- Matjesbaguette
- Milchshake
- Ofenkartoffel mit Kräuterquark
- 1 Ecke/Stück Pizza
- Kleine Portion Pommes frites
- Räucherlachsbaguette
- Roastbeef-Sandwich
- Kleiner Salat Nizza
- Schaschlik-Spieß
- Paniertes Schweineschnitzel
- Türkische Pizza
- Wiener Würstchen

Deutsche Küche

- 1 Stück gedeckter Apfelkuchen
- Blattsalat mit Schinken und Mais
- Blumenkohl mit Sauce
- Folienkartoffel mit Kräuterquark
- Gebratene Kalbsleber mit Gemüse
- Gegrillte Forelle mit Tomaten
- Gegrilltes Schweinekotelett mit Tomatensauce

Erfolgsrezepte

- Gemüseomelett
- Gemüserahmsuppe
- Hühnerfrikassee mit Sauce
- Kartoffelsuppe
- 1 Stück Käse-Sahne-Torte
- 1 Stück Obstkuchen (Mürbeteig)
- Rahmschnitzel
- Reissalat mit Huhn
- Salatplatte mit Räucherfisch
- Schweineschnitzel mit Gemüse
- 1 Toast Hawaii
- Tomatensuppe mit Garnelen
- 1 Stück Zwiebelkuchen

Chinesische Küche
- Feuertopf Shanghai
- Fisch mit Gemüse
- Frittierte Riesengarnelen
- Garnelen in süß-saurer Sauce
- Gebratener Reis mit Gemüse
- Gedämpftes Hühnchen
- Gemüse-Dreierlei
- Hühnchen mit Obst
- Krabben mit Bambussprossen
- Reisnudelsuppe mit Rindfleisch
- Rindfleisch mit Gemüse
- Rindfleisch mit Ingwer
- Schweinefleisch mit Pflaumensauce
- Tofu in Sojasauce
- Tofu mit Gemüse
- Tofu mit Pilzen und Lauch
- Wan-Tan-Suppe
- Zuckerschoten mit Garnelen

Kleines Tauschgeschäft chinesischer Art: Tofu mit Gemüse.

Italienische Küche
- Kleine Portion Insalata Caprese (Tomaten mit Mozzarella und Basilikum)
- Ciabatta mit Tunfisch
- Crostini mit Tunfisch
- Kleiner Eisbecher mit Früchten
- Gebratene Oliven
- Gefüllte Kalbsbrust (kleine Portion)
- Gnocchi mit Tomatensauce (kleine Portion)
- Kalbsschnitzel mit Zitronensauce
- Meeresfrüchtesalat
- Nudeln mit Gemüse (kleine Portion)
- Nudeln mit Sardinen (kleine Portion)
- Tintenfischsalat (kleine Portion)
- Toskanischer Brotsalat
- Überbackene Muscheln
- Zwiebelsuppe

Große Tauschgeschäfte

Wenn die Einladung ins Restaurant nicht völlig überraschend kommt, haben Sie mehr Vorlauf und können gut im Voraus *Points* sparen. In diesem Fall können es dann schon auch etwas größere Gerichte sein, auf die Sie sich freuen dürfen. Im Gegenzug dazu sollten Sie allerdings die Leichte Mahlzeit und die Hauptmahlzeit, die zusammen *13 Points* ergeben, ausfallen lassen.

Fast Food

(1 Stück, wenn nicht anders vermerkt)

➤ Baguette mit Backfisch
➤ Bockwurst mit Brötchen und Senf
➤ Brathähnchen mit Haut
➤ Currywurst mit Sauce
➤ Döner Kebab
➤ Gyros (mittelgroße Portion)
➤ Hamburger mit 1 kleinen Portion Pommes
➤ Hot Dog
➤ Große Portion Pommes frites
➤ Puten-Sandwich

Deutsche Küche

➤ Forelle »Müllerin Art«
➤ Geschnetzelte Putenbrust mit Pilzen und Reis
➤ Gratiniertes Rumpsteak
➤ Käsesalat
➤ Matjes mit Bohnensalat
➤ Paprikaschoten mit Hackfleisch gefüllt
➤ Schweinebraten mit Gemüse
➤ Spargel mit Butter
➤ Zucchini-Kartoffel-Auflauf

Chinesische Küche

➤ Bami Goreng
➤ Geschmorte Ente mit Acht Köstlichkeiten (kleine Portion)
➤ Gebratenes Schweinefleisch mit Nüssen
➤ Glasnudel-Hackfleisch-Pfanne
➤ Hühnchen »Szetschuan Art« mit Reis
➤ Hühnchen mit Honig und Ananas
➤ Nasi Goreng
➤ Reis mit Garnelen und Ei
➤ Reisnudeln mit Rindfleisch
➤ Rindfleischbällchen

Italienische Küche

➤ Forelle in Weißwein
➤ Gebratenes Schweinefleisch mit Gemüse
➤ Gnocchi mit Parmesan und Gemüse
➤ Nudeln mit Sauce Bolognese
➤ Nudeln mit Pilzen
➤ Nudeln mit Rucola
➤ Nudeln mit Sauce Napoli
➤ Normale (mittlere) Pizza mit Käse, Zwiebeln und Tomaten
➤ Oktopus mit Röstkartoffeln
➤ Spinat-Lasagne
➤ Tortellini mit Spinatfüllung

TIPP

FAST-FOOD-GEGENMASS-NAHMEN

Fast Food enthält in der Regel zu viel Fett und zu wenig Vitamine und Mineralstoffe. Deshalb sollten Sie sich nach einer Fast-Food-Mahlzeit möglichst vitaminreich ernähren: Obst, Gemüse und Vollkornprodukte sind empfehlenswert.

Erfolgsrezepte

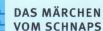

Machen Sie sich Ihren Salat im Restaurant selbst mit Essig und Öl an – das spart Fett und bringt individuellen Geschmack.

➤ Verzichten Sie auf fertige und meist kalorienreiche Dressings. Lassen Sie sich Essig und Öl zu Ihrem Salat bringen und bereiten Sie sich Ihr Salatdressing am Tisch selbst zu.

➤ Im Restaurant sind die Portionen oft sehr groß. Spüren Sie in sich hinein und hören Sie mit dem Essen auf, sobald Sie satt sind.

Erste Hilfe

Eigentlich wollten Sie sagen: »Ich hätte gern einen kleinen Salat und eine Ofenkartoffel.« Doch als der Kellner vor Ihnen steht, sprudelt stattdessen völlig unkontrolliert aus Ihnen heraus: »Eine große Pizza Funghi mit Extra-Käse!« Kurz darauf steht sie vor Ihnen – Ihre leckere, duftende Pizza … Welche Wege gibt es dann noch aus dem Dilemma?

➤ Machen Sie sich keine Vorwürfe – das hilft Ihnen nicht wirklich weiter und verdirbt Ihnen die Lust an der Pizza.

➤ Lassen Sie trotz des Ausrutschers jetzt nicht locker! Halten Sie sich am nächsten Tag wieder konsequent an Ihre *Points*.

➤ Versuchen Sie den kleinen *Points*-Ausrutscher im Nachhinein wieder auszubügeln, indem Sie in den folgenden Tagen kräftig *Bonus-Points* sammeln.

➤ Bereiten Sie sich auf den nächsten Restaurantbesuch besser vor: Üben Sie beispielsweise Ihre Bestellung in Gedanken.

Rettungsplan 2

Sie können bei einem Restaurantbesuch aber nicht nur am Essen selbst, sondern auch am Drumherum sparen. Hier die wichtigsten Tipps, wie nicht noch mehr *Points* auf Ihr Haben-Konto kommen:

➤ Verzichten Sie auf den Aperitif! Er schlägt auch zu Buche, macht hungrig und lässt das Sättigungsgefühl erst viel später einsetzen.

➤ Ziehen Sie zwei Vorspeisen und ein Dessert dem traditionellen Drei-Gänge-Menü vor.

TIPP

DAS MÄRCHEN VOM SCHNAPS

Der verdauungsfördernde Schnaps nach dem Essen ist nicht – wie immer wieder behauptet – ein Fettkiller, der Kalorien neutralisiert. Er unterstützt lediglich die Aufräumarbeit im Darm. Deshalb ist es sinnlos, Fett mit Alkohol bekämpfen zu wollen. Im Gegenteil: Der Schnaps schlägt ebenfalls mit *Points* zu Buche!

Notfall: Stillstand

Nichts geht mehr: Die Nadel Ihrer Waage hat sich seit Tagen nicht um einen Grammstrich nach unten bewegt, obwohl Sie sich genau an die Wochenpläne halten? Lassen Sie sich davon nicht entmutigen!

Diagnose

Ein Gewichtsstillstand kann viele Gründe haben. Hier eine kleine Checkliste:
➤ Halten Sie sich an die Tagespläne?
➤ Wie sieht es mit den empfohlenen Portionsgrößen aus, sind Sie sehr großzügig?
➤ Übertreiben Sie es unter Umständen mit den 0-Points-Lebensmitteln?
➤ Bewegen Sie sich ausreichend?

Rettungsplan

➤ Starten Sie mit der ersten Powerwoche (ab Seite 40) durch. Essen Sie möglichst langsam, versuchen Sie, die Mahlzeiten bewusst zu erleben, und kurbeln Sie in dieser Woche Ihren Gewichtsverlust wieder an.
➤ Überprüfen Sie in nächster Zeit immer wieder einmal Ihre Portionsgrößen: Entspricht Ihr Teelöffel Zucker nicht vielleicht doch eher einem Esslöffel?
➤ Wenn die Nadel länger stillsteht, sollten Sie Ihre 0-Points-Lebensmittel kritisch betrachten. Wie sieht es mit den Obstmengen aus? Obst kann – vor allem, wenn es in größeren Mengen gegessen wird – durch seinen Fruchtzuckergehalt nämlich ganz schön zu Buche schlagen. Hier zu reduzieren lohnt sich!
➤ Sind die guten Vorsätze bezüglich der Bewegung schon vergessen? Durch regelmäßige Bewegung kurbeln Sie nicht nur den Gewichtsverlust wieder an. Sie verringern so auch Ihr Körperfett und bauen Muskeln auf, während Sie gleichzeitig Stress abbauen.

Erste Hilfe

Der Besuch eines Weight Watchers Treffens kann wahre Wunder wirken: Schnuppern Sie kostenlos und unverbindlich rein.

Hurra! Endlich bewegt sich der Zeiger wieder nach unten. Der Rettungsplan rechts verrät, wie's geht.

> **TIPP**
>
> **WAAGEN LÜGEN ... DOCH!**
>
> Bestimmte Umstände können trotz aller moderner Wiegetechnik die Gewichtsabnahme verschleiern:
> ➤ Sie wiegen sich nicht immer unter den gleichen Bedingungen: Verschiedene Waagen, andere Kleidung oder das Wiegen zu unterschiedlichen Tageszeiten führen zu abweichenden Ergebnissen!
> ➤ Wer in kurzer Zeit besonders viele salzige Speisen zu sich nimmt, lagert vorübergehend mehr Wasser ein – der Zeiger der Waage steht deshalb still oder geht sogar nach oben!
> ➤ Vor der Menstruation speichert der Körper Wasser, das er danach wieder abgibt. Das heißt, dass die Waage mehr Kilos anzeigt.
> ➤ Daneben können die Einnahme bestimmter Medikamente sowie hormonelle Veränderungen während der Menopause den Erfolg des Abnehmens beeinflussen.
>
> Was tun? Dagegen hilft Maß nehmen – denn was die Waage ignoriert, kann das Maßband um die Taille verraten.

Notfall: Motivations-Krise

Nur wer sich permanent motiviert, kann sein Ziel leicht erreichen – und eben diese Motivation ist manchmal gar nicht so leicht. Sie fällt vor allem dann schwer, wenn der Erfolg ausbleibt oder man sich mit seinem Vorhaben allein gelassen fühlt.

Diagnose

Ist Ihr Ziel noch weit entfernt oder schon ganz nah? Hat das Folgen für Ihre Lust am Abnehmen? Motivation entsteht dadurch, dass wir entweder von etwas weg oder zu etwas hin wollen. Wie sieht es bei Ihnen aus?

Rettungsplan

Motivieren Sie sich selbst, indem Sie sich abwechselnd sagen, dass Sie nicht mehr übergewichtig sein beziehungsweise dass Sie schlank sein wollen. Wechseln Sie zwischen den beiden Motivationsarten hin und her, denn zwei Motivationspunkte helfen beim Durchhalten besser als einer.

Konfrontieren Sie sich mit einem älteren Foto von sich selbst: Wahrscheinlich können Sie jetzt, da Sie bereits etliche Pfunde abgenommen haben, kaum noch glauben, dass Sie das auf dem Foto sind. Diese Motivation reicht für die erste Zeit aus, doch irgendwann kommt der Punkt, an dem dieser Anreiz nicht mehr genug ist. Sie brauchen ganz einfach mehr. Überlegen Sie: Was wären Ihre persönlichen Ziele, wenn Sie Ihr Wunschgewicht schon erreicht hätten?

➤ Worauf freuen Sie sich besonders, wenn Sie Ihr Zielgewicht erreicht haben?

➤ Was, glauben Sie, werden Sie dann denken und wie werden Sie sich fühlen?
➤ Wie werden Sie aussehen?

Lassen Sie Ihrer Fantasie freien Lauf, erspüren Sie eine innere Vorfreude und genießen Sie diese! Das Geheimnis dieser Strategie liegt darin, positive Gedanken und angenehme Gefühle zu erzeugen und sich mit deren Hilfe zu motivieren. Träumen Sie also positiv und tanken Sie damit Motivation.

Erste Hilfe

Ein anderer Weg, sich zu motivieren, liegt darin, sich das Geschaffte bildlich vorzustellen:
➤ Stellen Sie sich die verlorenen Pfunde als Butterstücke vor: 5 kg entsprechen sage und schreibe 20 Stücken!
➤ Knüpfen Sie nach und nach eine Kette aus Büroklammern, in der jede Klammer ein verlorenes Pfund darstellt. Stecken Sie die Kette in Ihre Geldbörse – so haben Sie Ihren Erfolg immer vor Augen.
➤ Greifen Sie von Zeit zu Zeit in Ihren Kleiderschrank, ziehen Sie eines Ihrer alten, jetzt viel zu großen Lieblingskleidungsstücke an. Und freuen Sie sich, dass es nicht mehr passt!

Den Erfolg stets im Blick: Die Büroklammerkette ist Ihr kleiner Beweis für das, was Sie bereits geschafft haben.

107

Notfall: Familien-Glück

Von wegen, Diäten machen einsam! Hier kann die ganze Familie mitessen und sich – je nach Figur – über die schlanken Folgen freuen.

Wenn Sie Familie, vielleicht sogar Kinder haben und Ihre Ernährungsgewohnheiten umstellen möchten, betrifft das nicht mehr nur Sie allein – sondern Ihre ganze Familie.

Diagnose

Ohne Ihre Familie würden Sie eine Diät ganz einfach durchhalten? Oder haben Sie das Problem, dass Ihre Familie Sie nicht unterstützt?

Rettungsplan

Sie selbst sind begeistert, wie gesund und einfach Ihre neue Art zu kochen ist? Dann sollten Sie Ihre Familie teilhaben lassen, denn Sie werden umso leichter abnehmen, je sicherer Sie sind, dass es parallel dazu Ihrer Familie richtig gut geht. Kochen Sie die Weight Watchers Rezepte doch einfach für alle. Und das gemeinsame Sammeln von *Bonus-Points* beim Radeln, Wandern oder Schwimmen macht nicht nur riesig Spaß, sondern auch noch fit.

> **TIPP**
>
> **TAUSCHBÖRSE**
>
> 1 Stück Pizza können Sie einfach gegen zwei Snacks und zwei *Bonus-Points* austauschen. 2 Stücke Pizza gibt es als Austausch gegen die Hauptmahlzeit und einen Snack.

Erfolgsrezepte

Langsam überzeugen

Doch erwarten Sie von Ihrer Familie nicht gleich einen enthusiastischen Start! Sehen Sie sich die Familienbande an: Täte es dem einen oder der anderen vielleicht gut, einige Pfunde zu verlieren? Wenn ja, dann sollten Sie Ihre Liebsten nach und nach mit ins Boot holen.
Was tun mit den schlanken Familienmitgliedern? Sie bekommen einfach ein paar Extras wie etwa zusätzliche Sauce, mehr Nudeln oder einen Besuch in der Eisdiele oder Konditorei.

Erste Hilfe

➤ Bereiten Sie Ihrem Partner und den Kindern einfach etwas größere Portionen zu.
➤ Servieren Sie Ihrer Familie leckere Desserts, während Sie sich ein Stück Obst gönnen.
➤ Daran denken: Sie sind nicht für die Reste auf den Tellern Ihrer Kinder verantwortlich!

Familien-Pizza

Zum Einstieg ins Familien-Glück ein Weight Watchers Familienessen, das alle mögen!

(Für 9 Stücke)   pro Stück

¹/₄ l lauwarmes Wasser
¹/₂ Würfel Hefe, 1 TL Salz
400 g Weizenmehl, 4 TL Olivenöl
400 g Blattspinat (TK), 2 Knoblauchzehen
500 g passierte Tomaten, 3 EL Oregano
Salz, frisch gemahlener Pfeffer
120 g magerer gekochter Schinken
150 g Champignons
150 g Mozzarella

❶ Wasser, zerbröckelte Hefe und Salz verrühren. Mehl untermengen und kneten, bis der Teig geschmeidig ist. 20–30 Minuten zugedeckt an einem warmen Ort gehen lassen.

❷ Den Backofen auf 250° vorheizen und ein Backblech mit 2 TL Öl einfetten. Den Spinat auftauen, den Knoblauch schälen und fein hacken. 1 TL Öl erhitzen, Spinat und Knoblauch darin 2–3 Minuten dünsten, bis die Flüssigkeit verdunstet ist. Abkühlen lassen.

❸ Das restliche Öl mit den Tomaten und dem Oregano aufkochen. Salzen und pfeffern.

❹ Den Teig noch einmal durchkneten und auf dem Blech dünn ausrollen. Mit der Tomatensauce bestreichen. Den Schinken in feine Streifen, Champignons und Mozzarella in Scheiben schneiden. Die Pizza mit Schinken, Champignons und Spinat belegen, den Mozzarella darauf verteilen. Im vorgeheizten Ofen (Mitte, Umluft 225°) 15–20 Minuten backen.

Wer bei der Familienpizza an Diäten denkt, ist selbst schuld, denn hier steht der Genuss im Vordergrund.

Notfall: Hunger

Heißhunger, Appetit, ein Loch im Bauch haben – viele Worte für ein Gefühl, das beim Abnehmen einfach stört! Wenn Sie mit Weight Watchers abnehmen, sollten Sie eigentlich keinen Hunger verspüren, sondern sich immer angenehm satt fühlen. Auch Heißhunger auf Süßes oder Herzhaftes sollte wegfallen, denn Sie wissen doch – mit *Points* ist alles erlaubt. Aber man weiß ja nie …

Diagnose

Sie sind nicht satt, Sie sind nicht zufrieden, Ihr Magen und Ihr Kopf wollen trotz aller Argumente mehr – so einfach ist das.

Rettungsplan 1

Lokalisieren Sie das nagende Gefühl: Haben Sie wirklich Hunger – oder ist es vielleicht doch nur Appetit? Geben Sie nicht jedem Hungergefühl sofort nach, sondern lenken Sie sich mit einer Beschäftigung ab, die Ihnen Spaß macht. Überprüfen Sie nach einer Weile, ob Sie noch hungrig sind.

Oder Sie versuchen es mit einem Getränk: Trinken Sie eine Tasse Tee oder ein Glas Wasser und horchen Sie danach noch einmal in sich hinein – haben Sie immer noch Hunger?

Rettungsplan 2

Schlagen Sie Ihrem Hunger ein Schnippchen! Es hängt von der Auswahl der richtigen Lebensmittel ab, ob Sie schnell wieder Hunger haben. Die Mahlzeiten in diesem Buch sind so zusammengestellt, dass sie besonders gut sätti-

gen und Hunger erst gar nicht aufkommt. Ansonsten können Sie mit ballaststoffreichen Lebensmitteln dem Hunger vorbeugen:

➤ Wählen Sie wenn möglich Vollkornprodukte (Vollkornbrot, Vollkornnudeln etc.).

➤ Essen Sie reichlich Gemüse. Das ist nicht nur gesund, sondern macht auch noch satt.

Rettungsplan 3

Sagen Sie Ihrem Heißhunger auf Süßigkeiten den Kampf an, indem Sie auf die Tafel Schokolade, die Sie anlächelt, verzichten und zu cleveren Alternativen greifen:

➤ Trockenobst in einer kleinen Plastikbox findet sogar in der kleinsten Handtasche noch Platz und ist so bei Bedarf immer griffbereit (1 Stück Trockenobst = *0,5 Points)*.

➤ Ein Glas Orangensaft macht zwar noch keine Schokolade, doch Saft ist ebenfalls süß und liefert zusätzlich noch Vitamine.

➤ Wenn es denn doch unbedingt Schokolade sein muss, seien Sie trickreich: Brechen Sie zwei kleine Stücke von der großen Tafel ab und lassen Sie diese nacheinander auf der Zunge zergehen – genießen erlaubt!

Erste Hilfe

Manchmal hilft nichts: Kein guter Tipp, keine schlaue Info, kein sicherer Trick – Sie haben Hunger, Appetit oder Heißhunger. Auch an diesen Notfall haben Weight Watchers, Ihre Experten in Sachen Ernährung, gedacht.

Auf der rechten Seite finden Sie zwei superleckere Rezepte für *2 und 3 Points,* mit denen Sie es Ihrem Hunger zeigen können!

TIPP

BONUS-POINTS

… für den Hunger zwischendurch (Rezepte siehe Seite 111):

Mit *Bonus-Points* können Sie *2- und 3-Points*-Mahlzeiten ganz einfach ausgleichen. *2 Bonus-Points* gibt es übrigens bereits für eine halbe Stunde Radfahren.

Erfolgsrezepte

Besser kann man den Hunger auf Süßes kaum stillen: Erdbeer-Vanille-Eis mit Pistazien.

Pellkartoffeln
mit Tsatsiki-Gemüse-Creme

250 g Kartoffeln
1 Knoblauchzehe
1 Frühlingszwiebel
1 Stück Salatgurke
4 Radieschen
60 g Magerquark
75 g Magerjoghurt
1 TL Schnittlauchröllchen
Salz
frisch gemahlener Pfeffer

(3 POINTS)

❶ Kartoffeln waschen, garen und abgießen. Ausdampfen lassen und pellen.

❷ Inzwischen den Knoblauch schälen und in eine Schüssel pressen. Die Zwiebel putzen, waschen und in Ringe schneiden. Gurke und Radieschen waschen und fein raspeln.

❸ Den Quark und den Joghurt mit dem Knoblauch verrühren, das vorbereitete Gemüse und den Schnittlauch hinzufügen, salzen und pfeffern. Mit den Kartoffeln auf einem Teller anrichten und servieren.

Erdbeer-Vanille-Eis mit Pistazien

150 g TK-Erdbeeren (ersatzweise Himbeeren oder Beerenmischung)
60 g Magerquark
einige Spritzer Zitronensaft
flüssiger Süßstoff
1 Kugel kalorienreduziertes Vanilleeis
4 gehackte Pistazienkerne

(2 POINTS)

❶ Die Beeren etwas antauen lassen. In der Küchenmaschine oder mit dem Pürierstab zerkleinern, Quark und Zitronensaft dazugeben, nach Belieben süßen und so lange durchrühren, bis eine cremige Masse entsteht.

❷ Die Erdbeercreme in eine kleine Schale füllen, das Vanilleeis darauf setzen und das Dessert mit den Pistazien bestreuen.

111

Notfall: Seelenschmeichler

> **TIPP**
>
> **TAUSCH-GESCHÄFTE FÜR 0 POINTS**
>
> Es gibt sie wirklich, die Seelenschmeichler ohne *Bonus-Points* und Tauschgeschäft. Wie wäre es mit einer Götterspeise (mit Süßstoff) für den süßen Zahn oder Mixed Pickles für den herzhaften Gaumen? Beides gibt es tatsächlich für *0 Points!*

Nein, Sie haben keinen Hunger oder Heißhunger – Ihrer Seele (und Ihrem Magen) ist nach einem kleinen Extra zumute.

Diagnose

Der Gedanke an Schokolade oder Kartoffelchips lässt Sie nicht mehr los, so sehr Sie sich anstrengen. Sie können schon an gar nichts anderes mehr denken und fühlen sich, als ob Ihr Leben von dieser Kleinigkeit nebenbei abhinge. Dann ist es eindeutig Zeit für einen unserer Seelenschmeichler, von denen Sie hier eine kleine Auswahl finden.

Rettungsplan

Versagen Sie sich nichts, sondern schlagen Sie zu: Sammeln Sie *Bonus-Points* (Seite 91) und nutzen Sie diese für Ihre herzhaften oder süßen Seelenschmeichler.
Oder Sie tauschen einfach einen oder sogar beide Snacks (ein oder zwei *Points*) aus den Tagesplänen für ein Extra ein.

Extras

Süße Extras

	POINTS
1 Geleefrucht (10 g)	0,5
1 Karamellbonbon (5 g)	0,5
1 Stück Käsekuchen oder Streuselkuchen	5,5
1 Kokosmakrone	1
1 kleine Portion Lakritz (25 g)	1,5
1 Tüte kandierte Mandeln (50 g)	6,5
1 kleines Stück Marzipan (25 g)	2,5
1 Praline (30 g)	1,5
1 Schokokuss	2
1 Stück Schokolade (jede Sorte, 7 g)	1
10 Schokolinsen (10 g)	1
1 Schokoriegel	5
1 Weingummi (10 g)	0,5

Herzhafte Extras

1 Brotchip (jede Sorte, 5 g)	0,5
5 Chipsletten (8 g)	1
1 TL geröstete Erdnüsse (5 g)	1
1 Hand voll Erdnussflips (6 g)	1
1 Hand voll Japanisches Reisgebäck (15 g)	1
1 Hand voll Kartoffelchips (15 g)	2
5 Kräcker (30 g)	2
5 Salzbrezeln (10 g)	0,5
10 Salzstangen (10 g)	0,5
1 EL Studentenfutter (12 g)	1,5

Flüssige Extras

1 Glas Bier (250 ml)	2
1 Glas Caipirinha	3,5
1 Glas Campari Orange	2,5
1 Glas Pina Colada	5,5
1 Glas Sekt (100 ml)	1,5
1 Glas trockener Wein (100 ml)	1
1 Glas lieblicher Wein (100 ml)	1,5

Tägliche Notfälle

Es sind nicht immer die großen Notfälle, die das Abnehmen so schwierig machen. Viel häufiger sind es die kleinen, alltäglichen Probleme, die uns richtig herausfordern. Hier ein Erste-Hilfe-Kurs für Ihren täglichen Notfall.

Notfall: Bäckereiduft

Beim Duft von frischen Brötchen oder leckeren Teilchen können Sie nicht widerstehen, es zieht Sie geradezu in die Bäckerei?

Erste Hilfe

Gehen Sie hinein, aber treffen Sie die richtige Wahl! Nehmen Sie statt einer Nussecke *(12,5 Points)* lieber ein Rosinenbrötchen *(2 Points)*.

Notfall: Frustessen

Endet bei Ihnen der große Frust normalerweise mit einer großen Portion Pommes mit Ketchup und Mayonnaise im Magen?

Erste Hilfe

Haben Sie schon einmal versucht, sich Ihren Frust beim Sport abzutrainieren? Wenn selbst das nicht hilft, dann sollten Sie jemandem von Ihren Sorgen erzählen. Das entlastet den Kopf und schließlich auch die Hüften.

Notfall: »Duftfalle«

Sei es beim Einkaufen oder beim Spazierengehen – überall lauern die köstlichsten Düfte. Hier die Würstchenbude, dort der Waffelimbiss. Werden Sie nervös? Bekommen Sie Hunger – oder reagieren Sie etwa sauer?

Erste Hilfe

Vor Gerüchen kann man sich schlecht schützen, sie sind einfach da – und können uns verführen. Gerüche zu ignorieren ist schwierig, aber man kann sie relativ einfach in neutrale oder angenehme Wahrnehmungen umwandeln. Wenn ein Geruch Sie nervt, dann stellen Sie sich einen angenehmen Duft vor, etwa den von frisch gewaschener Wäsche oder die frische, salzige Brise am Meer.

Notfall: Couch-Potato

Sie können sich einen gemütlichen Fernsehabend ohne Chips, Flips oder sonstige Knabberei nicht vorstellen?

Erste Hilfe

Wenn Sie darauf nicht ganz verzichten können, sollten Sie es einfach mal mit Salzstangen (10 Stück für *0,5 Points*) statt Chips & Co. versuchen. Oder Sie schnippeln sich Gemüsestifte aus Karotten, Gurken und Kohlrabi vor – und kommen dann sogar mit *0 Points* davon!

Notfall: Büro

Sie wissen nicht, was Sie jetzt im Büro essen sollen, früher waren es doch immer eine Pizza vom Lieferservice und zwischendurch Kekse.

Erste Hilfe

Die meisten Rezepte aus den Tagesplänen eignen sich auch zum Mitnehmen ins Büro. Bereiten Sie die Mahlzeit zu Hause vor und wärmen Sie diese nach Belieben im Büro auf. Zum Knabbern: *0-Points*-Obst und -Gemüse.

> Sie erkennen sich in einer der beschriebenen Situationen wieder? Gut so, denn Schwächen hat jeder. Wichtig ist nur, dass man damit umzugehen weiß.

Ihr persönlicher Check-up

Im Moment ist alles im grünen Bereich? Super. Damit das auch so bleibt, sollten Sie die Checklisten etwa alle zwei Monate hervorholen und noch einmal durchgehen. Dann besteht erst gar nicht die Gefahr, in alte ungesunde Ernährungsgewohnheiten zurückzufallen.

Geschafft! Die vier Power-Wochen sind vorbei, und Sie haben an Gewicht verloren, aber auch viel über Ernährung und Bewegung gelernt. Sie wissen, wie Sie sich selbst motivieren und auf Notfälle reagieren können. Damit dies langfristig so bleibt, möchten wir Ihnen die folgenden drei Checklisten zu den Themenbereichen Ernährung, Bewegung und Strategie ans Herz legen, die Sie regelmäßig zur Selbstanalyse nutzen sollten.

Auf geht's zur Inspektion

Sie haben erfolgreich abgenommen und wollen Ihr Gewicht jetzt halten? Mit *Points* sind Sie auf dem besten Weg. Sie haben Ihre Ernährung umgestellt und fühlen Sich gesünder, fitter und attraktiver. Natürlich wollen auch wir, dass das so bleibt, und haben deshalb nicht nur drei Checklisten, sondern auch noch jede Menge Tipps für Sie.

Check-up: Ernährung

Sie haben sich in den letzten Wochen ausgewogen und gesund ernährt. Um Ihr Gewicht langfristig zu halten, sollten Sie die Grundzüge dieser Ernährung beibehalten. Denn: Der häufigste Grund für eine schleichende Zunahme der Rückfall in alte Essgewohnheiten. Nutzen Sie die links unten stehende Checkliste zur Selbstanalyse.

Und das bedeutet's

➤ Wenn Sie alle Fragen mit »Ja« beantwortet haben, brauchen Sie sich im Moment keine Sorgen um Ihr Gewicht zu machen. Unser Tipp: Wiederholen Sie den Test alle zwei Monate, dann laufen Sie erst gar nicht Gefahr, in alte Essgewohnheiten zurückzufallen.
➤ Haben Sie die eine oder andere Frage mit »Nein« beantwortet, sollten Sie noch einmal über Ihre Essgewohnheiten nachdenken. Blättern Sie durch dieses Buch und nehmen Sie sich die Tipps zu Herzen, die Sie im Theorieteil und bei den Rezepten finden.
➤ Sollten Sie alle Fragen mit »Nein« beantwortet haben, empfehlen wir Ihnen den Besuch eines Weight Watchers Treffens, denn dort erhalten Sie neben den vielfältigen Informationen auch noch die nötige mentale Unterstützung.

Check-up: Bewegung

Wahrscheinlich haben Sie sich in den letzten vier Wochen mehr bewegt als zuvor. Doch wie sieht es heute aus – sind Sie wieder zum Bewegungsmuffel geworden? Machen Sie den Test!

CHECK-UP	ERNÄHRUNG	JA	NEIN
	Ich kaufe fast immer fettarme Lebensmittel ein und leiste mir ab und zu ein »Extra«.	☐	☐
	Ich genieße fettreiche Lebensmittel wie Chips oder fetteren Käse nur sporadisch.	☐	☐
	Wenn ich eingeladen bin, bereite ich mich darauf vor und sammle Bonus-Points.	☐	☐
	Meine Kleidung sitzt gut, ich fühle mich wohl.	☐	☐
	Mein Gewicht liegt nicht mehr als 2 kg über meinem Wunschgewicht.	☐	☐

Erfolgsrezepte

BEWEGUNG	JA	NEIN
ch bin im Moment nicht regelmäßig körperlich aktiv und glaube nicht, dass sich das in nächster Zeit ändern wird.	☐	☐
ch bin im Moment körperlich aktiv, jedoch weniger als zweimal pro Woche. Ich bin bereit, mehr zu tun.	☐	☐
ch bin an drei Tagen (oder mehr) in der Woche für jeweils mindestens 20 Minuten körperlich aktiv. Ich habe aber erst vor kurzem begonnen.	☐	☐
ch bin seit mehr als 6 Monaten an drei Tagen (oder mehr) in der Woche für jeweils mindestens 20 Minuten körperlich aktiv.	☐	☐

Und das bedeutet's

➤ Sie haben den ersten Punkt mit »Ja« beantwortet: Wenn Sie Ihren Erfolg langfristig halten möchten, sollten Sie spätestens jetzt mit der Bewegung starten. Wer körperlich aktiv ist, kann sein Gewicht am leichtesten halten. Anregungen zur Bewegung finden Sie auf den Seiten 90 bis 99.

➤ Sie haben den zweiten Punkt mit »Ja« beantwortet: Sichern Sie sich Ihre Erfolge auf lange Sicht. Sammeln Sie täglich mindestens einen *Bonus-Points*. Informationen zu den *Bonus-Points* finden Sie auf Seite 91.

➤ Sie haben den dritten Punkt mit »Ja« beantwortet: Sie haben bereits sehr gute Voraussetzungen, um durch Bewegung langfristig Ihr Wunschgewicht zu sichern. Wenn Sie möchten, können Sie in punkto Bewegung noch eins draufflegen: Verlängern Sie die Trainingszeit jeweils um fünf Minuten beziehungsweise die Walkingstrecke um einen Kilometer.

➤ Sie haben den vierten Punkt mit »Ja« beantwortet: Sie können Ihr Gewicht ganz einfach halten, indem Sie Ihre guten Bewegungsgewohnheiten beibehalten. Wechseln Sie die Sportarten, damit es nicht langweilig wird!

Check-up: Strategie

Sie haben Ihr Ziel, schlank zu werden, erreicht. Die Waage zeigt Woche für Woche das gleiche Gewicht – und damit Ihren Erfolg.

Ihr Ziel ist es nun, dieses Gewicht langfristig zu halten. Das fällt umso leichter, wenn Sie sich dann und wann an das erinnern, was Sie bereits geschafft haben:

CHECK-UP STRATEGIE

☐ Sie sind gesünder und attraktiver.
☐ Sie haben neue Ernährungsgewohnheiten.
☐ Sie sind entspannter.
☐ Sie haben neue Verhaltensgewohnheiten.
☐ Sie haben neue Bewegungsgewohnheiten.

Und was kommt danach?

Auch wenn Ihr Ziel erreicht ist, sollten Sie sich immer wieder darüber freuen und sich so aufs Neue motivieren. Sie haben nun die besten Voraussetzungen für ein »schlankes« Leben!

Entspannung sollte Teil Ihres neuen Lebens geworden sein – egal in welcher Form.

Fragen über Fragen

Kennen Sie das auch? Man würde schon gern mehr über Weight Watchers erfahren, hat aber keine Ahnung, wo man seine Fragen stellen kann? Dann sind Sie hier goldrichtig, denn wir haben für Sie die Fragen zusammengefasst, die uns am häufigsten gestellt werden.

> **TIPP**
> **FAST ÜBERALL**
> Weight Watchers Treffen gibt es tatsächlich fast überall, nämlich in rund 2000 Orten in Deutschland. Die Chancen stehen also sehr gut, dass es auch in Ihrer Nähe ein Treffen gibt.

➤ Wo finden in meiner Nähe Treffen statt?

Informationen zu Treffen in Ihrer Nähe erhalten Sie bei unserer Service-Hotline Deutschland 01802-234564 (nur 0,06 Euro pro Gespräch) oder im Internet unter www.weightwatchers.de.

➤ Kann ich jederzeit bei Weight Watchers einsteigen?

Ja! Sie können jederzeit starten, denn wir haben »offene« Treffen. Das heißt, dass einige Teilnehmer kurz vor dem Erreichen ihres Ziels stehen, andere haben gerade erst angefangen. Das ergibt eine bunte Mischung, von der jeder profitiert! Das Reinschnuppern ist unverbindlich und kostenlos.

➤ Wird man bei Weight Watchers öffentlich gewogen?

Natürlich nicht! Wir respektieren Ihre Privatsphäre und wiegen Sie diskret. Niemand außer der Leiterin kennt Ihr aktuelles Gewicht.

➤ Wie beende ich meine Teilnahme bei Weight Watchers?

Ihre »Abmeldung« erfolgt ganz einfach dadurch, dass Sie den Treffen fernbleiben.

➤ Was tun, wenn ich die Treffen nicht besuchen kann?

Die bequeme Alternative für zu Hause ist das Weight Watchers Fernprogramm. Informationen, Broschüren, Tipps und Rezepte werden Ihnen dann zugeschickt. Und keine Sorge, Sie müssen nicht auf unsere Betreuung verzichten: Motivation und Informationen erhalten Sie von kompetenten Ernährungsberaterinnen per Telefon. Preise und aktuelle Angebote erfahren Sie bei unserer Service-Hotline 01802-234564 (nur 0,06 Euro pro Gespräch) oder im Internet unter www.weightwatchers.de.

➤ Wie geht es weiter, wenn ich am Ziel bin?

Wenn Sie Ihr Wunschgewicht erreicht haben, durchleben Sie eine sechswöchige Erhaltungsphase zur Umstellung. Danach werden Sie Weight Watchers Gold Mitglied. Diese Mitgliedschaft ermöglicht Ihnen für ein Jahr die kostenlose Teilnahme an Weight Watchers Treffen, solange Sie in dieser Zeit weniger als zwei Kilogramm zunehmen. Die Gold-Mitgliedschaft kann jährlich verlängert werden.

Goldige Zeiten

Eine Erfolgsgeschichte

Das Schwerste für Lesley war, den richtigen Moment zu finden, an dem sie mit dem Abnehmen beginnen konnte. Doch als sie eine Freundin traf, die erfolgreich mit Weight Watchers abgenommen hatte, stand Lesleys Entscheidung fest: »Das will ich auch!«

Ein realistisches Ziel ...

Lesley wollte 16 Kilo abnehmen, von Konfektionsgröße 46 auf 40 – ein Ziel, das ihr wichtig war und das sie deswegen immer im Auge behielt. Kinder und Abnahme brachte sie spielend unter einen Hut: »Richtige Ausrutscher hatte ich nicht, man darf ja alles essen.«

... wird wahr

Sieben Monate benötigte Lesley für die Erfüllung ihres Traums. Die 35-jährige durchlebte nach der erfolgreichen Abnahme die sechswöchige Erhaltungsphase und wurde schließlich Weight Watchers Gold-Mitglied.
Auf ihrem Weg zum Wunschgewicht waren die Weight Watchers Treffen für Lesley ganz besonders wichtig, da sie hier Erfahrungen austauschen und Rat suchen konnte.
Jetzt hält Lesley ihr Traumgewicht schon länger als ein Jahr. Sie besucht immer noch die Treffen und ist heute Vorbild für die anderen Teilnehmer. Als Gold-Mitglied genießt sie ihre Privilegien, die nicht nur den kostenlosen Besuch der Weight Watchers Treffen beinhalten, sondern auch noch andere Angebote und Vergünstigungen mit sich bringen. 16 Kilo leichter, sind jetzt endgültig glückliche und goldige Zeiten für Lesley angebrochen.

Lesley ist glücklich und zufrieden: Sie hat nicht nur dauerhaft 16 kg abgenommen, sondern ist nun als Gold-Mitglied auch noch Vorbild für andere.

GUTSCHEIN

WeightWatchers®

Anmeldung gratis!

Wenn Sie diesen Gutschein zu einem Weight Watchers Treffen mitbringen, sparen Sie Euro 15,– Einschreibegebühr*!

Wo in Ihrer Nähe ein Weight Watchers Treffen stattfindet, erfahren Sie im Internet unter www.weightwatchers.de oder bei der Service-Hotline Deutschland: 01802–23 45 64 (nur 0,06 Euro pro Gespräch). Nur für Deutschland gültig.

* Preisänderungen vorbehalten

Code 30

Zum Nachschlagen

Sachregister

Abenteuer Enthaltsamkeit 20
Abnehmen in der Gruppe 21
Abnehm-Formel 8

Ballaststoffe 17
Basisliste 84 f.
Belohnung 20
Bewegungs-*Bonus-Points* 23
BIA- Waagen 6
Bioelektrische Impedanz-
  Analyse (BIA) 6
Body-Mass-Index (BMI) 6, 7
Bonus-Points 12, 91
Broca-Index 6

Check-up 114, 115
Chinesische Küche 103 f.
Cholesterin 17, 18
Crash-Diät 10

Deutsche Gesellschaft
  für Ernährung (DGE) 13
Deutsche Küche 104
Diät-Wahrheiten 8

Easy-Workout 92 ff.
Einkaufen 25
Einladung 101
Entspannung 47, 99
Erfahrungsaustausch 21
Ernährungskonzept 10, 12
Essenzielle Fettsäuren 18

Familie 108, 109
Fast Food 102, 104
Fertigprodukte 18
Fett 17
Fettsäuren 17, 18
Fit-Tipps 92
Frustessen 113
Fünf-am-Tag-Ration 14

Gemüsesorten,
  0-Points- 15
Gesamtenergieverbrauch 9
Gesundheitshinweis 92
Gewichtsstillstand 106
Gewichtsvorhersage 8
Goldmitglied 116
Grundumsatz 9

Hunger 110

Idealgewicht 6
Italienische Küche 103 f.

Jodmangel 43
Jojo-Teufelskreis 10

Kalorien 12
Kilo Kick 20
Körperfettanteil 6
Krebsrisiko 14

Leistungsumsatz 9
Lösungen erarbeiten 21

Motivation 21, 107

Normalgewicht 6
*Null-Points-*Gemüse 12, 14, 15
*Null-Points-*Obst 12, 14, 15

Obstsorten, *0-Points-* 15
Öle 67
Omega-3-Fettsäuren 18

Points 12
*Points-*Wochenbilanz 13
Power-Treffen 21

Restaurantbesuch 24, 102
Rückenkunde 94

Seelenschmeichler 112
Shopping-Basics 84
Snacks (*1 Points*) 82 f.
Sportarten 91

Tagesplan 24
Tauschgeschäfte, große 104
Tauschgeschäfte, kleine 102
Tiefkühlgemüse 33
Trinken 19

Übungen 93 ff.

Vegetarian love 20
Verbotene Lebensmittel 20
Versteckte Fette 18
Vier-Wochen-Power-
  Plan 13, 23, 24

GUTSCHEIN

WeightWatchers®

118

Register

Waist-To-Hip-Ratio	6
Warming up	92
Wasser	19
Weight Watchers	
Gewichtsspanne	8
Methode	13
Points-System	11
Rezept-Basics	24 f.
Treffen	13
Wunschgewicht	8
Zehn Basics	24 f.
Zehn-Prozent-Ziel	8

Rezeptregister
Frühstücke (5 Points)

Alltagsfrühstück	27
Beeren-Milchreis	30
Beeren-Nudel-Müsli	74
Camembert-Birnen-Schnitte	32
Exotischer Obstsalat	70
Frühstücksei-Schlemmerei	58
Geflügel-Brötchen	60
Geflügel-Käse-Sandwich	46
Grießbrei mit Pflaumenmus	62
Hawaii-Sandwich	56
Joghurt-Obst-Schale	48
Käse-Tomaten-Brötchen	28
Körnerbrot mit Radieschen-Quark	54
Kresse-Ei-Knäcke	78
Lachsbrötchen	80
Mango-Bananen-Müsli	42
Milchkaffee mit süßem Brötchen	38
Obst-Crêpes	44
Obstquark mit Cornflakes und Nüssen	37
Paprika-Schinken-Brot	34
Parmaschinken-Melonen-Sandwich	76
Pfiffiger Käse-Salat	40
Rosinenbrötchen	64
Rostbeef-Paprika-Brötchen	72
Sanddorn-Bananen-Shake	66
Salami-Gurken-Toast	52
Schoko-Brötchen mit Beerenmilch	50
Süße Schoko-Bananen-Creme	68

Leichte Mahlzeiten (6 Points)

Chicorée-Apfel-Salat	58
Crostini, italienisch	78
Geflügel-Brötchen	31
Gratinierte Pilz-Toasts	40
Griechisches Fladenbrot	44
Hähnchen-Reis-Salat	64
Italienische Crostini	78
Kartoffel-Mais-Salat	38
Kartoffelsalat mit Geflügelwurst	52
Krabben-Cocktail in Cognacsauce	68
Lachsschinken-Papaya-Toast	70
Lachssuppe, fein	74
Mexico-Sandwich, feurig	62
Minestrone	56
Mozzarella-Gemüse-Brote	48
Nudelsalat, fruchtig mit Thunfisch	50
Pellkartoffeln mit Krabben-Dip	26
Pfannkuchen mit Asia-Gemüse-Füllung	54
Provenzalisches Rührei	28
Puten-Mango-Salat	80
Radicchio-Birnen-Salat	72
Rucola-Pilz-Salat	76
Schichtsalat mit Thunfischsauce	36
Sesam-Schafkäse-Salat	66
Tomaten-Basilikum-Suppe	46
Tortellini-Salat, schnell	34
Thunfischsalat	60
Thymian-Geflügelleber mit Blattsalat	32
Zucchini-Puffer mit Salat	42

Hauptmahlzeiten (7 Points)

Bratkartoffeln mit Pilzragout	33
Buntes Gulasch	37
Chili con Carne mit Paprika	51
Bohneneintopf mit Cabanossi	45
Fisch-Gemüse-Auflauf	49
Fusili, mediterran	43
Geflügel-Bolognese mit Makkaroni	27
Geflügel-Ratatouille mit Wildreis	75
Gemüsecurry mit Pinienkernen	53
Gemüsepfanne mit Krabben	38
Hackfleischtopf, russisch	35
Hähnchen-Pfirsich-Auflauf	29
Hähnchenbrust, gefüllt, mit Ofenkartoffeln	79
Kartoffel-Pizza	47
Kartoffeltorte, scharf	55
Kartoffel-Rösti mit Räucherlachs	57
Lachs mit Kräutern der Provence	31
Makkaroni »Caponata di Melanzane«	80
Nudel-Gemüse-Pfanne	65
Paprikaschoten, gefüllt mit roten Linsen	58
Paprikaroulade, feurig	77
Pasta mit Lammgeschnetzeltem	69
Petersilienkartoffeln mit Krabben-Lachs-Sauce	71
Putenbrust süß-sauer	67
Spargel mit Schinkenröllchen, gratiniert	73
Spinat-Hähnchenbrust mit Käse	62
Tatar-Muffins mit Brokkoli	40
Zucchini-Tatar-Auflauf	61

0-Points-Rezepte

Asiatische Suppe	16
Gemüsesuppe	16

2-Points-Rezepte

Erdbeer-Vanille-Eis	111
Sparflammenquark	101
1 Stück Mandarinentraum-Torte mit Cappuccino	81

3-Points-Rezepte

Pellkartoffeln mit Tsatsiki-Gemüse-Creme	111

4-Points-Rezepte

Familien-Pizza	109

119

Impressum

© 2004 GRÄFE UND UNZER VERLAG GMBH, München

Alle Rechte vorbehalten, Nachdruck, auch auszugsweise, sowie Verbreitung durch Film, Funk, Fernsehen und Internet, durch fotomechanische Wiedergabe, Tonträger und Datenverarbeitungssysteme jeder Art nur mit schriftlicher Genehmigung des Verlages.

© Weight Watchers International, Inc.
All rights reserved
Autorin und Projektleitung Weight Watchers: Kathrin Dost
Rezepterarbeitung Weight Watchers: Claudia Thienel
Redaktion Weight Watchers: Ute Gerwig

Redaktionsleitung: Ulrich Ehrlenspiel
Redaktion: Silvia Herzog
Lektorat: idee & text, Gabriele Heßmann
Bildredaktion: Christine Majcen-Kohl
Innen- und Umschlaglayout: independent Medien-Design
Herstellung: Susanne Mühldorfer
Satz und Gestaltung: Felicitas Holdau
Lithos: Fotolito Longo, Bozen
Druck: Appl, Wemding
Bindung: Buchmanufaktur Oldenbourg, Monheim

Dank

Ein herzliches Dankeschön an Tanja Quade und Christian Ohlmann, die für das Buch die Fitnessübungen entwickelt haben.

Wichtiger Hinweis

Die Ratschläge des vorliegenden Buches wurden sorgfältig recherchiert und haben sich in der Praxis bewährt. Alle Leserinnen und Leser sind jedoch aufgefordert, selbst zu entscheiden, ob und inwieweit sie die Anregungen aus diesem Buch umsetzen wollen. Weight Watchers und der Verlag übernehmen keine Haftung für die Resultate.

Bildnachweis
Cover
Stock Food: U1 links
Folio ID: U1 rechts
Studio R. Schmitz (2), Tom Roch (1): U4

Innenteil
Fotoproduktion Food: Studio R. Schmitz
Fotoproduktion Fitness: Tom Roch

Weitere Fotos:
Corbis Stock Market: 11, 25, 105
GU: H. Bischof: 103; B. Büchner: 19; M. Jahreiß: 115; N. Olonetzky: 7, 14, 106; T. Roch: 6, 87 re., 91; R. Schmitz: 15, 18, 40, 57, 82 re., 84, 85, 86, 87, 88, 89, 92, 101, 102; R. Simoni: 90; M. Wagenhan: 4; A. Walther: 23
Mauritius: 67
Stock Food: 13, 17, 29, 31, 32, 37, 38, 56 li., 58, 64, 73, 76, 79, 80
Weight Watchers: 21, 116, 117
Zefa: 9, 10, 108
ISBN 3-7742-6376-0

Das Original mit Garantie

IHRE MEINUNG IST UNS WICHTIG. Deshalb möchten wir Ihre Kritik, gerne aber auch Ihr Lob erfahren, um als führender Ratgeberverlag für Sie noch besser zu werden. Darum: Schreiben Sie uns! Wir freuen uns auf Ihre Post und wünschen Ihnen viel Spaß mit Ihrem GU-Ratgeber.

UNSERE GARANTIE: Sollte ein GU-Ratgeber einmal einen Fehler enthalten, schicken Sie uns bitte das Buch mit einem kleinen Hinweis und der Quittung innerhalb von sechs Monaten nach dem Kauf zurück. Wir tauschen Ihnen den GU-Ratgeber gegen einen anderen zum gleichen oder ähnlichen Thema um.

GRÄFE UND UNZER VERLAG
Redaktion Körper & Seele
Postfach 86 03 25
81630 München
Fax: 089/41981-113
E-Mail: leserservice@graefe-und-unzer.de

Auflage	11.	10.		
Jahr	08	07	06	05

Ein Unternehmen der
GANSKE VERLAGSGRUPPE